새로운 도서,
다양한 자료
동양북스
홈페이지에서
만나보세요!

www.dongyangbooks.com
m.dongyangbooks.com

※ 학습자료 및 MP3 제공 여부는 도서마다 상이하므로 확인 후 이용 바랍니다.

홈페이지 도서 자료실에서 학습자료 및 MP3 무료 다운로드

PC

❶ 홈페이지 접속 후 도서 자료실 클릭
❷ 하단 검색 창에 검색어 입력
❸ MP3, 정답과 해설, 부가자료 등 첨부파일 다운로드
　* 원하는 자료가 없는 경우 '요청하기' 클릭!

MOBILE

* 반드시 '인터넷, Safari, Chrome' App을 이용하여 홈페이지에 접속해주세요. (네이버, 다음 App 이용 시 첨부파일의 확장자명이 변경되어 저장되는 오류가 발생할 수 있습니다.)

❶ 홈페이지 접속 후 ☰ 터치

❷ 도서 자료실 터치

❸ 하단 검색창에 검색어 입력
❹ MP3, 정답과 해설, 부가자료 등 첨부파일 다운로드
　* 압축 해제 방법은 '다운로드 Tip' 참고

중국어와 친해지기 위한 첫걸음

프렌즈 중국어

감건 · 서선화 지음

2

동양북스

프렌즈 중국어 ❷

초판 인쇄 | 2023년 11월 10일
초판 발행 | 2023년 11월 20일

지은이 | 감건, 서선화
발행인 | 김태웅
책임편집 | 김상현, 김수연
디자인 | 남은혜, 김지혜
일러스트 | 조은정
마케팅 총괄 | 김철영
온라인 마케팅 | 김은진
제 작 | 현대순

발행처 | (주)동양북스
등 록 | 제 2014-000055호(2014년 2월 7일)
주 소 | 서울시 마포구 동교로22길 14 (04030)
구입 문의 | 전화 (02)337-1737 팩스 (02)334-6624
내용 문의 | 전화 (02)337-1762 dybooks2@gmail.com

ISBN 979-11-5768-979-8 14720
       979-11-5768-925-5 (세트)

머리말

2021년 3월, 중국 교육부와 국가어언문자공작위원회 国家语言文字工作委员会는 『국제 중국어 교육 중국어 수준 등급 표준 国际中文教育中文水平等级标准(이하 '표준')』을 발행하고, 공인 중국어 능력 시험인 한어수평고시에 대한 개편안(HSK3.0)과 구체적인 평가 방식에 대해 발표했습니다.

『표준』에서는 중국어 학습자의 능력을 '3단계 9레벨 三等九级'로 구분합니다. 음절 · 한자 · 어휘 · 문법의 기본적 요소를 중심으로 언어 구사 능력, 테마별 과제 및 언어의 정량 지표를 기준으로 평가하고, 학습자의 듣기 · 말하기 · 읽기 · 쓰기 · 번역의 정성 지표를 통해 중국어 수준을 정확하게 측정할 것이라고 명시되어 있습니다.

『표준』의 지침에 따라 학습자가 중국어를 효과적으로 학습할 수 있도록 하고, 그 과정에서 중국어 능력을 종합적으로 향상시킬 수 있는 방법을 모색하는 것은 모든 중국어 교사의 공통 관심사가 되었습니다. 그리고 『표준』을 반영한 교재가 나온다면 이러한 요구를 충족할 수 있지 않을까 하는 생각에 『프렌즈 중국어』를 집필하게 되었습니다.

『프렌즈 중국어』는 중국어 학습자의 듣기 · 말하기 · 읽기 · 쓰기에 대한 포괄적 활용 능력을 강화하는 것을 목표로 합니다. 본문은 상황별 대화를 중심으로 듣기 · 말하기 같은 언어적 기능을 향상시키는 데 주안점을 두었습니다. HSK3.0의 어휘를 중심으로 가장 실용적인 중국어 표현과 문법을 제시하고, 학습자들이 쉽고 재미있게 중국어를 배울 수 있도록 구성했습니다. 연습문제 파트에도 HSK3.0에 등장하는 문제 유형을 도입했으며, 학생들이 본문에서 배운 내용을 한 번 더 학습하면서 내 것으로 만들 수 있도록 했습니다. 워크북은 학생들의 읽기 · 쓰기 · 번역 능력 훈련에 중점을 두었습니다. 앞서 배운 어휘와 문장들을 해당 수업 시간 내에 확실히 익히고 넘어갈 수 있도록 다양한 유형의 연습 문제를 제시했습니다. 이처럼 『프렌즈 중국어』는 중국어 학습자들이 듣기 · 말하기 · 읽기 · 쓰기 · 번역 능력을 종합적으로 향상시키고, 영역별로 골고루 학습할 수 있도록 구성되어 있습니다.

십 수년간 교육 현장에서 중국어를 가르쳐 온 저희는 그동안의 경험과 노하우를 바탕으로 학습자들이 쉽고 재미있게 중국어를 학습할 수 있도록 많은 노력을 기울여 왔습니다. 『프렌즈 중국어』를 수업 현장에서 시범 사용하면서 교사들의 피드백과 학생들의 수용 능력에 따라 수차례 수정 과정을 거쳤고, 그렇게 교재를 완성하게 되었습니다. 이 책을 통해 여러분이 중국어가 어렵다는 편견을 벗어버리고, 중국어의 '프렌즈'가 될 수 있기를 바랍니다.

마지막으로 『프렌즈 중국어』를 세상에 선보이기까지 편찬을 지원해 주신 모든 선생님들과 이 교재의 편집과 출간에 기여해 주신 동양북스 편집부, 특히 모든 과정에서 적절한 피드백과 조언을 해주신 김상현 과장님께 진심 어린 감사를 드립니다.

감건, 서선화

차례

학습 내용

이 책의 구성 및 활용

도입

각 과의 학습 목표와 기본 표현을 제시하여 해당 과에서 배울 내용을 미리 확인할 수 있습니다.

단어

단어를 먼저 익혀 본문에 대한 이해도를 높일 수 있도록 하였습니다. 자유롭게 쓰면서 외울 수 있는 한자 쓰기 연습장을 제공하였으며, 암기한 단어를 체크하면서 스스로 학습 결과를 확인할 수 있습니다.

회화

각 과의 주제와 관련된 2개의 상황으로 구성해 꼭 필요한 표현들만 제시하였습니다. 하단에 '회화 쓰기'는 한국어 뜻을 보고 중국어 문장으로 번역하는 연습이 가능합니다.

독해

6과, 12과에서는 회화 표현 대신 독해 문장을 학습합니다. 문장 구성을 정확히 이해하고 핵심 어법을 익힘으로써, 초급자도 쉽게 독해 연습을 시작할 수 있습니다.

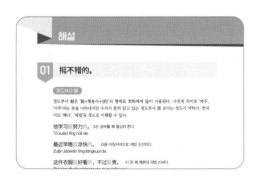

해설

회화에 나오는 주요 표현과 어법을 더욱 쉽게 이해할 수 있도록 상세한 설명을 다양한 예문과 함께 제시하였습니다. 예문에서 새로 나온 단어들을 별도로 배치하여 학습의 편의성을 높였습니다.

연습문제

각 과에서 학습한 주요 어휘와 어법을 다양한 형식의 문제를 통해 연습할 수 있습니다. HSK3.0의 문제 유형을 적용하여 시험 대비와 동시에 듣기·쓰기·말하기 능력의 종합적인 향상이 가능합니다.

플러스 표현

학습 내용과 관련된 어휘들을 추가로 제시하여 더욱 풍부한 표현을 할 수 있도록 구성하였습니다.

★ 워크북

'간체자 따라 쓰기' 페이지는 초보 학습자에게 필요한 간체자 쓰기 연습과 단어 학습을 동시에 진행할 수 있도록 구성하였습니다. '알맞은 한자 찾아 쓰기', '한국어로 써 보기', '중국어로 써 보기' 등 워크북 속 다양한 유형의 연습을 통해 본문에서 학습한 내용을 확실히 익힐 수 있습니다.
〈워크북 모범 답안은 동양북스 홈페이지 '도서 자료실'에서 다운로드할 수 있습니다.〉

★ 원어민 MP3

학습에 필요한 음원을 정확한 원어민 발음으로 들어볼 수 있습니다. QR코드를 스캔해 언제 어디서나 다운로드 없이 들을 수 있고, 동양북스 홈페이지 자료실에서도 파일을 다운로드할 수 있습니다.

MP3 바로 듣기

일러두기

품사 약어

대명사	대	명사	명	동사	동
조동사	조동	형용사	형	부사	부
개사(전치사)	개	양사	양	수사	수
접속사	접	조사	조	수량사	수량

고유명사 표기

지명의 경우, 중국어 발음을 한국어로 표기하는 것으로 한다. 그러나 한자 독음이 더 친숙한 고유 명사는 한국식 한자 독음으로 표기한다.

예 北京 Běijīng 베이징   颐和园 Yíhéyuán 이화원

인명의 경우, 한국 사람의 이름은 한국어 발음으로, 중국 사람의 이름은 중국어 발음으로 표기한다.

예 金明哲 Jīn Míngzhé 김명철   王平 Wáng Píng 왕핑

등장인물 소개

김명철(金明哲 Jīn Míngzhé)
한국인
중국어를 배우는 학생

리리리(李丽丽 Lǐ Lìli)
중국인
한국에 온 교환학생

왕핑(王平 Wáng Píng)
중국인
한국에 온 교환학생

장 선생님(张老师 Zhāng lǎoshī)
중국인
한국에서 중국어를 가르치는 선생님

你最近在忙什么?

요즘 뭐 하느라 바빠?

학습 목표

오랜만에 만나는 친구에게 안부를 물을 수 있다.

기본 표현

你最近在忙什么?

你的脸色不太好。

你要好好儿休息，别太累了。

01-01

단어 ❶

- **好久** hǎojiǔ 형 아주 오래되다
- **不见** bújiàn 동 만나지 않다
- **最近** zuìjìn 명 최근, 요즈음
- **在** zài 부 ~하고 있다, ~하는 중이다

- **打工** dǎgōng 동 아르바이트하다
- **每天** měi tiān 명 매일
- **都** dōu 부 모두

✏ 한자 쓰기 연습장

단어❶ 쓰기

☑ 모르는 단어는 체크하고 다시 외워 보세요!

- ☐ 아주 오래되다 ----------
- ☐ 만나지 않다 ----------
- ☐ 최근, 요즈음 ----------
- ☐ ~하고 있다, ~하는 중이다 ----------

- ☐ 아르바이트하다 ----------
- ☐ 매일 ----------
- ☐ 모두 ----------

12

회화 ❶

리리 明哲，好久不见！
Míngzhé, hǎojiǔ bújiàn!

명철 好久不见！你最近在忙什么？
Hǎojiǔ bújiàn! Nǐ zuìjìn zài máng shénme?

리리 我在打工，你呢？
Wǒ zài dǎgōng, nǐ ne?

명철 我也在打工，每天都很忙。
Wǒ yě zài dǎgōng, měi tiān dōu hěn máng.

회화❶ 쓰기

리리 명철아, 오랜만이야!

─────────────────────────────

명철 오랜만이야! 요즘 뭐 하느라 바빠?

─────────────────────────────

리리 나 아르바이트하고 있어, 너는?

─────────────────────────────

명철 나도 아르바이트하고 있어, 매일 너무 바빠.

─────────────────────────────

- 脸色 liǎnsè 명 안색, 혈색
- 不太 bú tài 그다지 ~하지 않다
- 太……了 tài…le 너무 ~하다
- 要 yào 조동 ~해야 한다

- 好好儿 hǎohāor 부 충분히, 잘
- 休息 xiūxi 동 휴식하다
- 别 bié 부 ~하지 마라
- 嗯 èng 감탄 응, 그래

✏️ 한자 쓰기 연습장

단어 ❷ 쓰기

✔️ 모르는 단어는 체크하고 다시 외워 보세요!

☐ 안색, 혈색 ⋯⋯⋯⋯⋯⋯⋯⋯⋯

☐ 그다지 ~하지 않다 ⋯⋯⋯⋯⋯⋯

☐ 너무 ~하다 ⋯⋯⋯⋯⋯⋯⋯⋯

☐ ~해야 한다 ⋯⋯⋯⋯⋯⋯⋯⋯

☐ 충분히, 잘 ⋯⋯⋯⋯⋯⋯⋯⋯⋯

☐ 휴식하다 ⋯⋯⋯⋯⋯⋯⋯⋯⋯

☐ ~하지 마라 ⋯⋯⋯⋯⋯⋯⋯⋯

☐ 응, 그래 ⋯⋯⋯⋯⋯⋯⋯⋯⋯

명철   丽丽，你的脸色不太好。
Lìli,   nǐ de liǎnsè bú tài hǎo.

리리   是啊，最近我太累了!
Shì a,   zuìjìn wǒ tài lèi le!

명철   你要好好儿休息，别太累了。
Nǐ yào hǎohāor xiūxi,   bié tài lèi le.

리리   嗯，你也是。
Èng,   nǐ yě shì.

회화 ❷ 쓰기

명철   리리야, 너 안색이 별로 안 좋아.

리리   응, 나 요즘 너무 피곤해!

명철   너 푹 쉬어야 해, 너무 무리하지 마.

리리   그래, 너도.

해설

01 你最近在忙什么?

동작의 진행을 나타내는 在

在는 사용되는 위치에 따라 다양한 의미를 나타낸다.* 술어 앞에 在가 올 때는 동작의 진행을 나타내며 '~하고 있다', '~하는 중이다'로 해석된다. 구어에서는 문장 끝에 呢를 붙여 '在……呢'의 형태로 사용되기도 한다.

爸爸在看电视，妈妈在做饭，我在学习。
Bàba zài kàn diànshì, māma zài zuò fàn, wǒ zài xuéxí.
아빠는 TV를 보고 계시고, 엄마는 밥을 하고 계시고, 나는 공부하고 있다.

A 你在做什么？　너 뭐 하고 있어?
Nǐ zài zuò shénme?

B 我在工作。　나 일하고 있어.
Wǒ zài gōngzuò.

A 你在睡觉吗？　너 자고 있니?
Nǐ zài shuìjiào ma?

B 我没睡觉，在看手机呢。　나 안 잤어. 핸드폰 보고 있었어.
Wǒ méi shuìjiào, zài kàn shǒujī ne.

* 『프렌즈 중국어1』 7과 참고

단어

做饭 zuò fàn 통 밥을 하다　　睡觉 shuìjiào 통 잠을 자다　　手机 shǒujī 명 핸드폰

16

02 最近我太累了。 / 你的脸色不太好。

정도를 나타내는 표현 太……了 / 不太……

太는 '너무 ~하다'라는 뜻으로 형용사나 일부 동사와 함께 쓰여 강조하거나 감탄을 나타낸다. 일반적으로 뒤에 了를 붙여 '太……了'의 형태로 사용된다.

你的汉语太好了。　너 중국어 너무 잘 한다.
Nǐ de Hànyǔ tài hǎo le.

今天太高兴了。　오늘 너무 기쁘다.
Jīntiān tài gāoxìng le.

麻辣烫太好吃了。　마라탕 너무 맛있다.
Málàtàng tài hǎo chī le.

'不太……'는 '별로 ~하지 않다', '그다지 ~하지 않다'라는 뜻으로 정도나 상태가 그렇게 심하지 않음을 나타낸다.*

我最近不太忙。　나 요즘 별로 바쁘지 않아.
Wǒ zuìjìn bú tài máng.

今天不太冷。　오늘 별로 안 추워.
Jīntiān bú tài lěng.

他不太喜欢我。　그는 날 그다지 좋아하지 않아.
Tā bú tài xǐhuan wǒ.

* 『프렌즈 중국어1』 4과 참고

단어

麻辣烫 málàtàng 명 마라탕

해설

03 你要好好儿休息。

조동사 要

조동사 要는 '~해야 한다', '~할 필요가 있다'라는 뜻으로 객관적 필요성을 나타낸다. 부정형은 不用(búyòng ~할 필요 없다)이다.

学生要好好儿学习。 학생은 열심히 공부해야 한다.
Xuésheng yào hǎohāor xuéxí.

A **去学校要换车吗?** 학교에 가려면 환승해야 하나요?
Qù xuéxiào yào huàn chē ma?

B **不用换车。** 환승할 필요 없어요.
Búyòng huàn chē.

A **你现在身体不好，要多休息。** 너 지금 몸이 안 좋아, 많이 쉬어야 해.
Nǐ xiànzài shēntǐ bù hǎo, yào duō xiūxi.

B **不用，我不累。** 그럴 필요 없어, 나 안 피곤해.
Búyòng, wǒ bú lèi.

이 외에 어떤 일을 하고자 하는 의지를 표현할 수도 있다.* 이 때는 '~하려고 한다'라는 뜻으로 해석된다.

这个周末我要去首尔。 이번 주말에 나는 서울에 가려고 한다.
Zhège zhōumò wǒ yào qù Shǒu'ěr.

* 『프렌즈 중국어1』 10과 참고

단어

换车 huàn chē [동] 차를 갈아타다, 환승하다 **多** duō [형] 많다 **周末** zhōumò [명] 주말 **首尔** Shǒu'ěr 서울

04 别太累了。

금지를 나타내는 표현 别……了

别는 '~하지 마라'라고 해석되며 상대방의 행동을 권고하거나 제지시키고자 할 때 사용된다. 문장의 끝에 了를 붙여 '别……了'의 형태로도 많이 사용된다.

你身体不好，今天别去了。　너 몸이 안 좋잖아. 오늘 가지 마.
Nǐ shēntǐ bù hǎo, jīntiān bié qù le.

这个不好吃，别吃了。　이거 맛없어. 먹지 마.
Zhège bù hǎo chī, bié chī le.

10点了，别睡了。　10시야. 그만 자(일어나).
Shí diǎn le, bié shuì le.

단어

睡 shuì 동 자다

01 발음을 연습해 보세요.   🎧 01-05

我的小手真能干，自己来喂自己饭。
Wǒ de xiǎo shǒu zhēn nénggàn, zìjǐ lái wèi zìjǐ fàn.

吃青菜，剥鸡蛋，身体健康多可爱。
Chī qīngcài, bō jīdàn, shēntǐ jiànkāng duō kě'ài.

02 녹음을 듣고 본문의 내용과 맞으면 √를 틀리면 x 를 쓰시오.   🎧 01-06

회화 1

❶ 丽丽每天见明哲。   (   )

❷ 丽丽最近在打工。   (   )

❸ 最近明哲不忙。   (   )

회화 2

❶ 丽丽今天很累。   (   )

❷ 明哲的脸色不太好。   (   )

❸ 丽丽不用好好儿休息。   (   )

03 알맞은 문장을 적어 대화를 완성해 보세요.

❶ A 好久不见！   B _____

❷ A 你最近在忙什么？   B _____

❸ A 今天你的脸色不太好。 B _____

❹ A 最近你每天忙不忙？   B _____

04 어울리는 문장을 찾아 연결해 보세요.

① 王平，好久不见！ ·　　　　　A 他每天都在打工。

② 你脸色不好。 ·　　　　　　　B 嗯，你也要好好儿休息。

③ 他最近在忙什么? ·　　　　　C 是吗? 我最近太累了！

④ 你别太累了。 ·　　　　　　　D 好的，你也是。

⑤ 你要好好儿休息。 ·　　　　　E 明哲，好久不见！

05 주어진 단어를 알맞은 순서로 배열하여 문장을 완성해 보세요.

① 打工　也　最近　我　在　　　_____

② 妈妈的　好　今天　不太　脸色　_____

③ 休息　要　好好儿　你　也　　_____

④ 每天　忙　很　他们　都　　　_____

⑤ 别　了　太　累　你　　　　　_____

06 본문 회화를 참고하여 다음 주제에 맞게 대화해 보세요.

① 오랜만에 만난 친구와 서로 안부를 물어보세요.

② 피곤해 보이는 친구의 건강을 챙겨 보세요.

플러스 표현

🔍 직업 관련 어휘

gōngxīnzú 工薪族 직장인	gōngwùyuán 公务员 공무원	jiàoshī 教师 교사
yīshēng 医生 의사	hùshi 护士 간호사	jǐngchá 警察 경찰
lǜshī 律师 변호사	yàojìshī 药剂师 약사	wǎnghóng 网红 인플루언서
shèjìshī 设计师 디자이너	kuàidìyuán 快递员 택배기사	chúshī 厨师 요리사
yùndòngyuán 运动员 운동선수	yǎnyuán 演员 배우	gēshǒu 歌手 가수

你喜欢哪个季节?

너는 어느 계절을 좋아하니?

좋아하는 계절과 사계절 날씨에 대해 말할 수 있다.

因为我很喜欢下雪天。

今年夏天怎么这么热?

还是春天好, 不冷也不热。

단어 ❶

- **季节** jìjié 명 계절
- **冬天** dōngtiān 명 겨울
- **因为** yīnwèi 접 왜냐하면, ~때문에

- **下雪** xià xuě 동 눈이 내리다(오다)
- **天** tiān 명 날, 일, 하루
- **冷** lěng 형 춥다

✏️ **한자 쓰기 연습장**

단어 ❶
쓰기

☑️ 모르는 단어는 체크하고 다시 외워 보세요!

☐ 계절 _____

☐ 겨울 _____

☐ 왜냐하면, ~때문에 _____

☐ 눈이 내리다(오다) _____

☐ 날, 일, 하루 _____

☐ 춥다 _____

회화 ❶

명철 **王平，你喜欢哪个季节？**
Wáng Píng, nǐ xǐhuan nǎge jìjié?

왕핑 **我喜欢冬天，因为我很喜欢下雪天。**
Wǒ xǐhuan dōngtiān, yīnwèi wǒ hěn xǐhuan xià xuě tiān.

명철 **我不太喜欢冬天，因为很冷。**
Wǒ bú tài xǐhuan dōngtiān,　yīnwèi hěn lěng.

 회화 ❶ 쓰기

명철 왕핑, 너는 어느 계절을 좋아하니?

왕핑 나는 겨울이 좋아, 눈 오는 날을 아주 좋아하기 때문이야.

명철 나는 겨울을 별로 좋아하지 않아, 왜냐하면 너무 춥잖아.

단어 ❷

- 夏天 xiàtiān 명 여름
- 怎么 zěnme 대 왜, 어째서
- 这么 zhème 대 이렇게
- 热 rè 형 덥다
- 还是 háishi 부 역시, 그래도

- 春天 chūntiān 명 봄
- 秋天 qiūtiān 명 가을
- 不错 búcuò 형 괜찮다, 좋다
- 凉快 liángkuai 형 선선하다, 시원하다

✎ 한자 쓰기 연습장

단어 ❷
쓰기

☑ 모르는 단어는 체크하고 다시 외워 보세요!

- ☐ 여름
- ☐ 왜, 어째서
- ☐ 이렇게
- ☐ 덥다
- ☐ 역시, 그래도

- ☐ 봄
- ☐ 가을
- ☐ 괜찮다, 좋다
- ☐ 선선하다, 시원하다

리리 **今年夏天怎么这么热?**
Jīnnián xiàtiān zěnme zhème rè?

명철 **还是春天好, 不冷也不热。**
Háishi chūntiān hǎo, bù lěng yě bú rè.

리리 **秋天也不错, 很凉快。**
Qiūtiān yě búcuò,　hěn liángkuai.

리리　올해 여름은 왜 이렇게 덥지?

명철　역시 봄이 좋아, 춥지도 덥지도 않아.

리리　가을도 좋아, 시원하잖아.

해설

01 因为我很喜欢下雪天。

인과관계를 나타내는 접속사 因为

因为는 원인이나 이유를 나중에 말할 경우 문장 뒤절의 처음에 쓰여 '왜냐하면'의 뜻을 나타낸다. 또는 '因为……, 所以(suǒyǐ 그래서)……'의 문형으로 因为 뒤에는 원인과 이유를, 所以 뒤에는 결과를 넣어 '~하기 때문에 ~하다'라는 뜻을 나타내기도 한다.

大家都很喜欢他，因为他人很好。　다들 그를 좋아해. 왜냐하면 사람이 좋으니까.
Dàjiā dōu hěn xǐhuan tā, yīnwèi tā rén hěn hǎo.

小王今天没来学校，因为他身体不好。　샤오왕은 오늘 몸이 안 좋아서 학교에 안 왔어.
Xiǎo Wáng jīntiān méi lái xuéxiào, yīnwèi tā shēntǐ bù hǎo.

因为他人很好，所以大家都很喜欢他。　그가 사람이 좋기 때문에 다들 그를 좋아해.
Yīnwèi tā rén hěn hǎo, suǒyǐ dàjiā dōu hěn xǐhuan tā.

因为工作很忙，所以每天都很累。　일이 바쁘니까 매일 너무 피곤해.
Yīnwèi gōngzuò hěn máng, suǒyǐ měi tiān dōu hěn lèi.

02 今年夏天怎么这么热?

'어쩜 이렇게', '왜 이렇게'라는 뜻으로 생각지도 못한 의외의 상황에 대한 의아함, 놀람 또는 불만 등을 표현하며 강조의 의미를 나타내기도 한다.

你的汉语怎么这么好啊!　너는 중국어를 어쩜 이렇게 잘 하니!
Nǐ de Hànyǔ zěnme zhème hǎo a!

现在找工作，怎么这么难?　지금 직장 구하는 게 왜 이리 어려워?
Xiànzài zhǎo gōngzuò, zěnme zhème nán?

你怎么这么不小心啊?　너 왜 이렇게 조심성이 없어?
Nǐ zěnme zhème bù xiǎoxīn a?

03 还是春天好，不冷也不热。

부사 还是

还是는 '역시', '그래도'라는 뜻으로 비교하여 상대적으로 만족스러운 결과를 선택하는 것을 나타낸다.

还是你最好!　역시 네가 최고야!
Háishi nǐ zuì hǎo!

还是辛奇最好吃。　역시 김치가 가장 맛있어.
Háishi xīnqí zuì hǎo chī.

还是看书有意思。　역시 책 보는 게 재밌어.
Háishi kàn shū yǒu yìsi.

단어

找 zhǎo 동 찾다　难 nán 형 어렵다　小心 xiǎoxīn 동 조심하다, 주의하다　最 zuì 부 가장, 제일

辛奇 xīnqí 명 김치　有意思 yǒu yìsi 형 재미있다

01 발음을 연습해 보세요. 🎧 02-05

我的小手真能干，杯杯清水保平安。
Wǒ de xiǎo shǒu zhēn nénggàn, bēi bēi qīngshuǐ bǎo píng'ān.

你一杯，我一杯，多喝水身体棒。
Nǐ yì bēi, wǒ yì bēi, duō hē shuǐ shēntǐ bàng.

02 녹음을 듣고 본문의 내용과 맞으면 √를 틀리면 ✕를 쓰시오. 🎧 02-06

회화 1

❶ 明哲喜欢冬天。 (　　)
❷ 王平喜欢下雪天。 (　　)
❸ 明哲不太喜欢春天。 (　　)

회화 2

❶ 今年夏天不太热。 (　　)
❷ 春天不冷也不热。 (　　)
❸ 丽丽不喜欢秋天。 (　　)

03 알맞은 문장을 적어 대화를 완성해 보세요.

❶ A 你喜欢哪个季节? 　B _____
❷ A 你为什么喜欢秋天? 　B _____ (因为)
❸ A 你喜欢下雪天吗? 　B _____
❹ A 春天天气怎么样? 　B _____

· 天气 tiānqì 날씨

04 어울리는 문장을 찾아 연결해 보세요.

① 你为什么喜欢冬天?　　·　　　　　A 我很喜欢春天。

② 今年夏天热不热?　　　·　　　　　B 秋天很不错，很凉快。

③ 你喜欢哪个季节?　　　·　　　　　C 因为我喜欢雪。

④ 秋天怎么样?　　　　　·　　　　　D 是啊，不冷也不热。

⑤ 还是春天好。　　　　　·　　　　　E 太热了。

05 주어진 단어를 알맞은 순서로 배열하여 문장을 완성해 보세요.

① 热　夏天　这么　今年　怎么　　　————————————————

② 哪个　你　季节　喜欢　　　　　　————————————————

③ 喜欢　下雪　我　天　很　　　　　————————————————

④ 不　春天　热　不冷　也　　　　　————————————————

⑤ 也　和秋天　不错　春天　都　　　————————————————

06 본문 회화를 참고하여 다음 주제에 맞게 대화해 보세요.

① 친구와 좋아하는 계절에 대해 이야기 나눠 보세요.

② 친구와 사계절의 날씨에 대해 이야기 나눠 보세요.

날씨 관련 어휘

qíng **晴** 맑다	yīn **阴** 흐리다	duō yún **多云** 구름이 많다
léizhènyǔ **雷阵雨** (천둥, 번개를 동반한) 소나기	bàoxuě **暴雪** 폭설	wù **雾** 안개
dǎléi **打雷** 천둥이 치다	shǎndiàn **闪电** 번개가 치다	bīngbáo **冰雹** 우박
guā fēng **刮风** 바람이 불다	táifēng **台风** 태풍	wùmái **雾霾** 초미세 먼지

买了一点儿水果。

과일 조금 샀어.

학습 목표

이미 일어난 일에 대해 말할 수 있다.

기본 표현

最近东西好贵啊。

买了一点儿水果。

明天一起去逛超市吧。

단어 ①

- 了 le 조 동사 뒤에 쓰여 동작의 완료를 나타냄
- 超市 chāoshì 명 슈퍼마켓
- 东西 dōngxi 명 물건
- 好 hǎo 부 아주, 정말로

- 贵 guì 형 비싸다
- 买 mǎi 동 사다
- 一点儿 yìdiǎnr 수량 조금
- 水果 shuǐguǒ 명 과일

✏️ **한자 쓰기 연습장**

단어① 쓰기

✅ 모르는 단어는 체크하고 다시 외워 보세요!

- ☐ 동사 뒤에 쓰여 ----------
  동작의 완료를 나타냄
- ☐ 슈퍼마켓 ----------
- ☐ 물건 ----------
- ☐ 아주, 정말로 ----------

- ☐ 비싸다 ----------
- ☐ 사다 ----------
- ☐ 조금 ----------
- ☐ 과일 ----------

회화 ❶

왕핑　**我昨天去了超市，最近东西好贵啊。**
　　Wǒ zuótiān qùle chāoshì,　zuìjìn dōngxi hǎo guì a.

명철　**你买什么了？**
　　Nǐ mǎi shénme le?

왕핑　**买了一点儿水果。**
　　Mǎile yìdiǎnr shuǐguǒ.

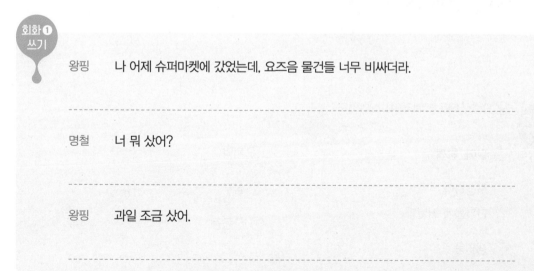

회화 ❶ 쓰기

왕핑　나 어제 슈퍼마켓에 갔었는데, 요즈음 물건들 너무 비싸더라.

명철　너 뭐 샀어?

왕핑　과일 조금 샀어.

단어 ❷

- 一起 yìqǐ 부 같이, 함께
- 逛 guàng 동 구경하다, 한가롭게 거닐다
- 生活用品 shēnghuó yòngpǐn 명 생필품

- 牙膏 yágāo 명 치약
- 洗发水 xǐfàshuǐ 명 샴푸
- 什么的 shénmede 조 ~등등

✏️ 한자 쓰기 연습장

✅ 모르는 단어는 체크하고 다시 외워 보세요!

단어 ❷
쓰기

- ☐ 같이, 함께 ----------------
- ☐ 구경하다,
  한가롭게 거닐다 ----------------
- ☐ 생필품 ----------------

- ☐ 치약 ----------------
- ☐ 샴푸 ----------------
- ☐ ~등등 ----------------

회화 ❷

리리 明天一起去逛超市吧。
Míngtiān yìqǐ qù guàng chāoshì ba.

명철 好啊，你想买什么？
Hǎo a, nǐ xiǎng mǎi shénme?

리리 我想买一点儿生活用品，牙膏、洗发水什么的。
Wǒ xiǎng mǎi yìdiǎnr shēnghuó yòngpǐn, yágāo、xǐfàshuǐ shénmede.

회화 ❷
쓰기

리리   내일 같이 슈퍼마켓 구경 가자.

_____

명철   좋아, 너 뭐 사고 싶은데?

_____

리리   치약, 샴푸 등등 생필품을 좀 사려고 해.

_____

해설

01 买了一点儿水果。

동작의 완료를 나타내는 동태조사 了

동태조사 了는 일반적으로 동사 뒤에 쓰여 동작의 완료를 나타낸다. 부정할 때는 동사 앞에 没를 사용하며, 이 때 了는 뺀다.

我昨天买了一本书。   나는 어제 책을 한 권 샀다.
Wǒ zuótiān mǎile yì běn shū.

他送了我一张咖啡券。   그는 나에게 커피 쿠폰을 한 장 주었다.
Tā sòngle wǒ yì zhāng kāfēi quàn.

Ⓐ **我早上吃了一个面包，你呢？**   나는 아침에 빵 하나 먹었어, 너는?
   Wǒ zǎoshang chīle yí ge miànbāo, nǐ ne?

Ⓑ **我还没吃。**   나는 아직 안 먹었어.
   Wǒ hái méi chī.

목적어가 단독으로 쓰이거나, 뒤에 말이 이어져 나오지 않을 때 了는 문장 끝에 놓는다.

Ⓐ **你吃饭了吗？**   너 밥 먹었어?
   Nǐ chī fàn le ma?

Ⓑ **吃了。/ 没吃。**   먹었어. / 안 먹었어.
   Chī le.   Méi chī.

我昨天买书了。   나는 어제 책을 샀다.
Wǒ zuótiān mǎi shū le.

他们都去图书馆了。   그들은 모두 도서관에 갔다.
Tāmen dōu qù túshūguǎn le.

本 běn 앵 권(책을 세는 단위)   **送** sòng 동 주다, 선물하다   **券** quàn 명 쿠폰   **面包** miànbāo 명 빵
还 hái 부 아직, 여전히

38

02 最近东西好贵啊。

정도부사 好

好는 형용사와 심리동사 앞에 사용되어 정도가 심하다는 것을 나타내며, 특히 구어에서 많이 사용된다. '아주', '정말로' 등으로 해석되며 감탄의 어기를 내포하고 있다.

今天好累啊。 오늘 아주 피곤하다.
Jīntiān hǎo lèi a.

他好可爱啊。 쟤 정말 귀엽다.
Tā hǎo kě'ài a.

今天好冷啊! 오늘 정말 춥다.
Jīntiān hǎo lěng a!

단어

可爱 kě'ài 형 귀엽다, 사랑스럽다

03 (我们)明天一起去逛超市吧。

연동문

我们明天一起去逛超市吧。
주어   동사❶ 동사❷

위의 문장처럼 하나의 주어(我们)에 동사가 두 개(去, 逛) 이상 연이어 쓰이는 문장을 연동문이라고 한다. 일반적으로 연동문에서는 동작이 일어나는 순서에 따라 동사를 배열한다.

我去医院看病。   나는 병원에 진찰을 받으러 간다.
Wǒ qù yīyuàn kànbìng.

他每个星期来这里吃饭。   그는 매주 여기에 밥 먹으러 온다.
Tā měi ge xīngqī lái zhèli chī fàn.

我想回家休息。   나는 집에 가서 쉬고 싶다.
Wǒ xiǎng huíjiā xiūxi.

단어

医院 yīyuàn 몡 병원   **看病** kànbìng 동 진찰을 받다

04 我想买牙膏、洗发水什么的。

열거를 나타내는 표현 什么的

什么的는 사람이나 사물 등 대상을 열거하되, 아직 대상이 더 남아있다는 것을 나타낼 때 사용한다. 한국어의 '등등'과 같은 표현이며 '等等(děngděng 등등)'으로 바꿔 사용해도 된다.

妈妈去超市买了很多水果，苹果、香蕉什么的。
Māma qù chāoshì mǎile hěn duō shuǐguǒ, píngguǒ、xiāngjiāo shénmede.
엄마는 슈퍼마켓에 가서 사과 바나나 등등 많은 과일을 샀다.

我们饭馆儿有大酱汤、辛奇汤什么的。 우리 식당에는 된장찌개, 김치찌개 등등이 있다.
Wǒmen fànguǎnr yǒu dàjiàng tāng、xīnqí tāng shénmede.

做饭、洗衣服什么的，我都喜欢。 밥하고 빨래 하는 것 등등 나는 다 좋아한다.
Zuò fàn、xǐ yīfu shénmede, wǒ dōu xǐhuan.

단어

苹果 píngguǒ 명 사과   **香蕉** xiāngjiāo 명 바나나   **大酱汤** dàjiàng tāng 명 된장찌개
洗 xǐ 명 빨다, 씻다   **衣服** yīfu 명 옷

01 발음을 연습해 보세요. 🎧 03-05

我的小手真能干，自己的事情自己办。
Wǒ de xiǎo shǒu zhēn nénggàn, zìjǐ de shìqing zìjǐ bàn.

穿衣服，脱鞋袜，勤劳聪明人人爱。
Chuān yīfu, tuō xié wà, qínláo cōngming rén rén ài.

02 녹음을 듣고 본문의 내용과 맞으면 √를 틀리면 ×를 쓰시오. 🎧 03-06

회화 1

❶ 最近超市里的东西很贵。 ( )
❷ 王平昨天去超市了。 ( )
❸ 王平买了很多水果。 ( )

회화 2

❶ 丽丽明天去超市。 ( )
❷ 明哲不想和丽丽去超市。 ( )
❸ 他们都想买生活用品。 ( )

03 알맞은 문장을 적어 대화를 완성해 보세요.

❶ A 你昨天做什么了? B _____ (了)
❷ A 最近东西贵不贵? B _____
❸ A 明天你去哪儿? B _____ (연동문)
❹ A 你要买什么? B _____ (什么的)

04

어울리는 문장을 찾아 연결해 보세요.

1 你去哪儿?　　　　　　　　・　　　　　　A 他们买了一点儿水果。

2 他们买什么了?　　　　　・　　　　　　B 是啊，太贵了。

3 明天去打工吗?　　　　　・　　　　　　C 我去超市。你呢?

4 你想买什么生活用品?　・　　　　　　D 明天我休息，不去打工。

5 最近东西好贵啊。　　　・　　　　　　E 我想买牙膏、洗发水什么的。

주어진 단어를 알맞은 순서로 배열하여 문장을 완성해 보세요.

1 超市　买　今天　我　水果　去　　-----------------------------------

2 逛　吧　一起　超市　去　　-----------------------------------

3 生活　一点儿　我　买　用品　　-----------------------------------

4 贵了　最近　太　东西　超市的　　-----------------------------------

5 买　洗发水　我　想　什么的　　-----------------------------------

06

본문 회화를 참고하여 다음 주제에 맞게 대화해 보세요.

1 슈퍼마켓에 다녀온 친구에게 무엇을 샀는지 물어보세요.

2 내일 친구와 슈퍼마켓에 가서 무엇을 살지 이야기 나눠 보세요.

❓ 생필품 관련 어휘

xǐmiànnǎi **洗面奶** 클렌징폼	mùyùlù **沐浴露** 바디 클렌져	hùfàsù **护发素** 린스, 컨디셔너
hùshǒushuāng **护手霜** 핸드크림	xǐshǒuyè **洗手液** 핸드워시	yáshuā **牙刷** 칫솔
xiāngzào **香皂** 비누	máojīn **毛巾** 수건	tuōxié **拖鞋** 슬리퍼
zhǐjīn **纸巾** 냅킨, 티슈	bèizi **被子** 이불	zhěntou **枕头** 베개
sháozi **勺子** 숟가락	kuàizi **筷子** 젓가락	chāzi **叉子** 포크

你想吃中国菜还是韩国菜?

너 중국요리가 먹고 싶어? 아니면 한국 요리가 먹고 싶어?

약속을 잡아 대접하고 상대방이 어느 것을 선택할지 물을 수 있다.

明天什么时候有时间?

明晚我请学生吃饭。

你想吃中国菜还是韩国菜?

단어 ❶

- **什么时候** shénme shíhou 언제
- **时间** shíjiān 명 시간
- **晚上** wǎnshang 명 저녁, 밤

- **明晚** míngwǎn 명 내일 밤
- **请** qǐng 동 (식사, 파티 등에) 초대하다, 한턱내다

✎ 한자 쓰기 연습장

단어 ❶
쓰기

☑ 모르는 단어는 체크하고 다시 외워 보세요!

☐ 언제

☐ 시간

☐ 저녁, 밤

☐ 내일 밤

☐ (식사, 파티 등에)
초대하다, 한턱내다

회화 ❶

선생님　明哲，明天什么时候有时间？
Míngzhé, míngtiān shénme shíhou yǒu shíjiān?

명철　晚上都有时间。
Wǎnshang dōu yǒu shíjiān.

선생님　明晚我请学生吃饭，你也一起来吧。
Míngwǎn wǒ qǐng xuésheng chī fàn, nǐ yě yìqǐ lái ba.

명철　好的，谢谢老师！
Hǎo de, xièxie lǎoshī!

회화 ❶ 쓰기

선생님　명철 군, 내일 언제 시간 있어요?

명철　저녁에는 모두 시간 됩니다.

선생님　내일 저녁에 학생에게 밥을 살건데, 명철 군도 같이 오세요.

명철　네, 선생님 감사합니다!

단어 ❷

- 周末 zhōumò 명 주말
- 咱们 zánmen 대 우리
- 菜 cài 명 요리, 채소

- 还是 háishi 접 또는, 아니면(의문문에 사용)
- 行 xíng 형 좋다, 괜찮다

✏️ 한자 쓰기 연습장

단어 ❷
쓰기

✔️ 모르는 단어는 체크하고 다시 외워 보세요!

- ☐ 주말 _____
- ☐ 우리 _____
- ☐ 요리, 채소 _____

- ☐ 또는, 아니면 _____
- ☐ 좋다, 괜찮다 _____

회화 ❷

왕핑　明哲，周末咱们一起吃饭吧。
Míngzhé, zhōumò zánmen yìqǐ chī fàn ba.

명철　好啊。吃什么？
Hǎo a.　Chī shénme?

왕핑　你想吃中国菜还是韩国菜？
Nǐ xiǎng chī Zhōngguó cài háishi Hánguó cài?

명철　我都行。
Wǒ dōu xíng.

 회화 ❷ 쓰기

왕핑　명철아, 주말에 우리 같이 밥 먹자.

명철　좋지. 뭐 먹을까?

왕핑　너 중국요리가 먹고 싶어? 아니면 한국 요리가 먹고 싶어?

명철　나는 다 괜찮아.

01 我请学生吃饭。

겸어문

동사❶ 목적어
我请(学生)吃饭。
주어 동사❷

위의 문장처럼 한 문장 안에 동사가 두 개(请, 吃) 나오는데, 첫 번째 동사(请)의 목적어(学生)가 두 번째 동사(吃)의 주어(学生)를 겸하는 문장을 '겸어문'이라고 한다. 请은 '한 턱 내다', '초대하다'라는 뜻으로 뒤에는 초대하고자 하는 대상이 온다. 그리고 그 뒤에는 다시 초대하여 하고자 하는 행동, 즉 동사가 위치한다.

今晚有时间吗？我请你喝咖啡。　오늘 저녁에 시간 있니? 내가 커피 살게.
Jīnwǎn yǒu shíjiān ma? Wǒ qǐng nǐ hē kāfēi.

我请你看电影，你请我吃饭吧。　내가 너 영화 보여줄 테니, 너는 밥 사.
Wǒ qǐng nǐ kàn diànyǐng, nǐ qǐng wǒ chī fàn ba.

또한 请은 '请+동사'의 형태로 상대방에게 무언가를 부탁할 일이 있을 때 사용하며 '~(해)주세요', '부탁해요'라는 의미로 해석된다.

请坐。　앉으세요
Qǐng zuò.

请说。　말씀하세요
Qǐng shuō.

请喝茶。　차 드세요.
Qǐng hē chá.

단어

今晚 jīnwǎn 명 오늘밤(저녁)　电影 diànyǐng 명 영화　坐 zuò 동 앉다　说 shuō 동 말하다

02 你想吃中国菜还是韩国菜?

접속사 **还是**

还是는 두 가지 이상의 옵션을 제시하고 그 중 하나를 선택하는 선택의문문에 쓰인다.
'A 还是 B?'의 형태로 사용되며 'A 아니면/또는 B?'로 해석된다.

你喜欢首尔还是釜山? 너는 서울이 좋니? 아니면 부산이 좋니?
Nǐ xǐhuan Shǒu'ěr háishi Fǔshān?

咖啡要热的还是冰的? 커피는 따뜻한 걸로 드릴까요? 아니면 아이스로 드릴까요?
Kāfēi yào rè de háishi bīng de?

晚上你想吃什么? 韩餐? 中餐? 还是西餐?
Wǎnshang nǐ xiǎng chī shénme? Háncān? Zhōngcān? Háishi xīcān?

저녁에 너 뭐 먹고 싶어? 한식? 중식? 아니면 양식?

단어

首尔 Shǒu'ěr 서울   **釜山** Fǔshān 부산   **冰** bīng 형 (얼음처럼) 차다   **韩餐** háncān 명 한식

中餐 zhōngcān 명 중식   **西餐** xīcān 명 양식

01 발음을 연습해 보세요.

04-05

我的小手真能干，样样玩具都喜爱。
Wǒ de xiǎo shǒu zhēn nénggàn, yàng yàng wánjù dōu xǐ'ài.

你不争，我不抢，爱护玩具当模范。
Nǐ bù zhēng, wǒ bù qiǎng, àihù wánjù dāng mófàn.

02 녹음을 듣고 본문의 내용과 맞으면 √를 틀리면 x를 쓰시오.

04-06

회화 1

❶ 明天明哲没有时间。 （　　）

❷ 明哲请老师吃饭。 （　　）

❸ 明天晚上明哲和老师一起吃饭。 （　　）

회화 2

❶ 周末他们一起吃饭。 （　　）

❷ 他们都喜欢吃中国菜。 （　　）

❸ 明哲吃什么都行。 （　　）

03 알맞은 문장을 적어 대화를 완성해 보세요.

❶ A 今天你想吃什么? B _____

❷ A 你喜欢吃韩国菜还是中国菜? B _____

❸ A 他什么时候有时间? B _____

❹ A 今天你请谁吃饭? B _____ (请)

04 어울리는 문장을 찾아 연결해 보세요.

① 明天你什么时候有时间?　·

② 谁请你吃饭?　·

③ 周末你见朋友吗?　·

④ 晚上我们一起吃饭吧。　·

⑤ 你想吃什么?　·

A 不见，我没有时间。

B 好啊，去哪儿吃?

C 我都行。

D 下午三点。

E 张老师请我吃饭。

05 주어진 단어를 알맞은 순서로 배열하여 문장을 완성해 보세요.

① 一起　大家　吃饭　周末 _____

② 咖啡　明天　喝　朋友　我请 _____

③ 韩餐　他们　中餐　还是　吃　想 _____

④ 晚上　时间　我们　有　都 _____

⑤ 她　今天　一起　去　也　超市 _____

06 본문 회화를 참고하여 다음 주제에 맞게 대화해 보세요.

① 친구에게 식사를 청해 보세요.

② 친구와 식사 메뉴에 대해 이야기해 보세요.

 플러스 표현

❶ 음식 관련 어휘

zhōngcān 中餐 중국요리	yuècài 粤菜 광둥(广东) 요리	xiāngcài 湘菜 후난(湖南) 요리
lǔcài 鲁菜 산둥(山東) 요리	chuāncài 川菜 쓰촨(四川) 요리	háncān 韩餐 한국 요리
rìcān 日餐 일본 요리	shēngyúpiàn 生鱼片 생선회	shòusī 寿司 스시, 초밥
xīcān 西餐 서양 요리, 양식	niúpái 牛排 (소고기) 스테이크	Yìdàlìmiàn 意大利面 스파게티, 파스타
shālā 沙拉 샐러드	bǐsà 比萨 피자	hànbǎo 汉堡 햄버거

您还要别的吗?

다른 것 더 필요한가요?

한턱내고 가격을 묻고 답할 수 있다.

吃完饭，我们去图书馆吧。

您还要别的吗?

一共多少钱?

05-01

단어 ❶

- 没 méi 뷔 ~하지 않았다
- 早饭 zǎofàn 몡 아침밥
- 饿 è 혱 배고프다
- 请客 qǐngkè 동 한턱내다

- 随便 suíbiàn 뷔 마음대로, 좋을 대로
- 真的 zhēn de 정말, 진짜
- 饺子 jiǎozi 몡 교자(중국 만두)
- 完 wán 동 다하다, 끝나다

✏️ 한자 쓰기 연습장

단어❶
쓰기

✅ 모르는 단어는 체크하고 다시 외워 보세요!

- ☐ ~하지 않았다
- ☐ 아침밥
- ☐ 배고프다
- ☐ 한턱내다

- ☐ 마음대로, 좋을 대로
- ☐ 정말, 진짜
- ☐ 교자(중국 만두)
- ☐ 다하다, 끝나다

회화 ❶

왕핑 **今天我没吃早饭，好饿啊。**
Jīntiān wǒ méi chī zǎofàn, hǎo è a.

명철 **中午我请客，你随便吃。**
Zhōngwǔ wǒ qǐngkè, nǐ suíbiàn chī.

왕핑 **真的吗? 我想吃饺子。**
Zhēn de ma? Wǒ xiǎng chī jiǎozi.

명철 **吃完饭，我们去图书馆吧。**
Chīwán fàn, wǒmen qù túshūguǎn ba.

회화❶ 쓰기

왕핑 오늘 나 아침 못 먹었어, 너무 배고파.

명철 점심에 내가 살게, 먹고 싶은 거 다 먹어.

왕핑 정말? 나 교자 먹고 싶어.

명철 밥 다 먹고 우리 도서관 가자.

단어 ❷

- 服务员 fúwùyuán 몡 종업원
- 来 lái 동 (음식 주문 시) 주세요
- 盘 pán 양 몡 그릇, 판
- 还 hái 부 더, 더욱
- 要 yào 동 필요하다, 원하다
- 别的 bié de 다른 것

- 瓶 píng 양 몡 병
- 可乐 kělè 몡 콜라
- 一共 yígòng 부 합쳐서, 모두
- 多少 duōshao 대 얼마, 몇
- 钱 qián 몡 돈
- 块 kuài 양 위안(중국 화폐 단위)

✏️ 한자 쓰기 연습장

☑️ 모르는 단어는 체크하고 다시 외워 보세요!

단어 ❷ 쓰기

- ☐ 종업원 ----------
- ☐ (음식 주문 시) 주세요 ----------
- ☐ 그릇, 판 ----------
- ☐ 더, 더욱 ----------
- ☐ 필요하다, 원하다 ----------
- ☐ 다른 것 ----------

- ☐ 병 ----------
- ☐ 콜라 ----------
- ☐ 합쳐서, 모두 ----------
- ☐ 얼마, 몇 ----------
- ☐ 돈 ----------
- ☐ 위안(중국 화폐 단위) ----------

회화 ❷

왕핑 服务员，来两盘饺子。
Fúwùyuán, lái liǎng pán jiǎozi.

종업원 好的。您还要别的吗?
Hǎo de. Nín hái yào bié de ma?

왕핑 还要两瓶可乐。一共多少钱?
Hái yào liǎng píng kělè. Yígòng duōshao qián?

종업원 一共九十块。
Yígòng jiǔshí kuài.

회화 ❷
쓰기

왕핑 저기요, 교자 두 접시 주세요.

종업원 네. 다른 것 더 필요한가요?

왕핑 콜라도 두 병 더 주세요. 합쳐서 얼마예요?

종업원 모두 90위안입니다.

-----

01 吃完饭，我们去图书馆吧。

결과보어 完

서술어 뒤에 쓰여 해당 동작이나 상태에 대해 구체적으로 보충 설명해주는 성분을 보어라고 한다. 결과보어는 동작이나 변화의 결과를 나타내는 성분이다. 이미 결과가 발생했을 경우 일반적으로 결과보어 뒤에 동작의 완료를 나타내는 了를 둔다. 반대로 아직 결과가 발생하지 않았을 경우에는 동사 앞에 没를 쓰고 뒤에 了는 생략한다. 결과보어 完은 동작이 완료되었거나 이미 끝났음을 나타낸다.

这本书我看完了，你看吗？　이 책 나 다 봤어. 너 볼래?
Zhè běn shū wǒ kànwán le, nǐ kàn ma?

我喝完咖啡回家了。　나는 커피를 다 마시고 집에 갔다.
Wǒ hēwán kāfēi huí jiā le.

我做完了今天的工作。　나는 오늘 일을 다 마쳤다.
Wǒ zuòwánle jīntiān de gōngzuò.

我还没吃完饭。　나는 아직 밥을 다 먹지 않았다.
Wǒ hái méi chīwán fàn.

02 来两盘饺子。/ 您还要别的吗?

음식 주문 표현 来 / 要

음식을 주문하거나 물건을 살 때 要를 사용하기도 하지만, 구어에서는 来를 사용하여 표현하기도 한다. 来는 뒤에 반드시 주문하는 수량이 함께 사용되어야 하지만, 要는 수량을 언급하지 않아도 된다. 한국어로는 모두 '~주세요'로 해석한다.

服务员，来一瓶啤酒。　저기요, 맥주 한 병 주세요.
Fúwùyuán, lái yì píng píjiǔ.

老板，来三斤苹果。　사장님, 사과 세 근 주세요.
Lǎobǎn, lái sān jīn píngguǒ.

我要这个，还来三个那个。　이거 주시고, 또 저거 세 개 주세요.
Wǒ yào zhège, hái lái sān ge nàge.

我不要冰的，我要热的。　저는 차가운 거 말고, 따뜻한 걸로 주세요.
Wǒ bú yào bīng de, wǒ yào rè de.

단어

啤酒 píjiǔ 몡 맥주　　老板 lǎobǎn 몡 사장, 가게 주인

03 一共多少钱?

의문사 多少

多少는 '얼마', '몇'이라는 뜻으로 10이상의 숫자나 수량을 물을 때 사용하는 의문사이다.
일반적으로 10 미만의 수를 물을 때는 几를 사용한다.*

A 你们班有多少个学生?　너의 반에 학생이 몇 명 있니?
　Nǐmen bān yǒu duōshao ge xuésheng?

B 我们班有二十个人。　우리 반에는 20명이 있어.
　Wǒmen bān yǒu èrshí ge rén.

A 你买了多少件?　너 얼마나 샀어?
　Nǐ mǎile duōshǎo jiàn?

B 我买了十件。　나 10벌 샀어.
　Wǒ mǎile shí jiàn.

중국어로 가격을 물을 때 일반적으로 多少 뒤에 钱을 붙여서 '多少钱?'이라고 한다. 이 외에
도 '어떻게 팔아요?'라는 뜻으로 '怎么卖?(zěnme mài?)'를 사용하기도 한다.

这件衣服多少钱?　이 옷 얼마예요?
Zhè jiàn yīfu duōshǎo qián?

请问，苹果怎么卖?　저기요, 사과 어떻게 팔아요?
Qǐngwèn, píngguǒ zěnme mài?

* 『프렌즈 중국어1』 6과 참고

단어

班 bān 몡 반(학급)　件 jiàn 양 벌(옷을 세는 단위)　衣服 yīfu 몡 옷

04 一共九十块。

중국 화폐(인민폐) 읽는 법

중국의 화폐인 인민폐(人民币 rénmínbì)는 구어체(块 kuài, 毛 máo, 分 fēn)와 문어체(元 yuán, 角 jiǎo, 分 fēn)로 나눠 표현할 수 있는데 일상 생활에서는 주로 구어체를 사용한다. 금액을 표현하는 방법은 다음과 같다.

구어체	块 kuài	毛 máo	分 fēn
문어체	元 yuán	角 jiǎo	

1块(元)=10毛(角)=100分

¥54.73

五十四块七毛三分
wǔshísì kuài qī máo sān fēn

五十四元七角三分
wǔshísì yuán qī jiǎo sān fēn

❶ 금액의 마지막 화폐단위는 생략할 수 있다.

¥12.99
十二块九毛九(分)
shí'èr kuài jiǔ máo jiǔ (fēn)

¥35.50
三十五块五(毛)
sānshíwǔ kuài wǔ (máo)

¥80
八十(块)
bāshí (kuài)

❷ 백(百 bǎi), 천(千 qiān), 만(万 wàn), 억(亿 yì) 등 백 단위 이상의 숫자에 나오는 1은 반드시 읽어야 한다.

¥112
一百一十二块
yìbǎi yìshí'èr kuài

¥1,111
一千一百一十一块
yìqiān yìbǎi yīshíyī kuài

❸ 백 단위 이상 앞의 숫자 2는 '两 liǎng'으로 읽는다.

¥230
两百三十块
liǎngbǎi sānshí kuài

¥2,222
两千两百二十二块
liǎngqiān liǎngbǎi èrshí'èr kuài

❹ 금액의 중간 단위가 없는 경우, 즉 가운데 숫자 0이 나올 때는 '零 líng'으로 읽는다.

¥1.05
一块零五分
yí kuài líng wǔ fēn

¥301
三百零一块
sānbǎi líng yī kuài

01 발음을 연습해 보세요. 🎧 05-05

我是一个好孩子，自己穿衣穿裤子。
Wǒ shì yí ge hǎo háizi, zìjǐ chuān yī chuān kùzi.

还会穿鞋穿袜子，妈妈伸出大拇指。
Hái huì chuān xié chuān wàzi, māma shēnchū dàmǔzhǐ.

02 녹음을 듣고 본문의 내용과 맞으면 √를 틀리면 x를 쓰시오. 🎧 05-06

회화 1

① 今天明哲请客。 (　　)
② 明哲想吃饺子。 (　　)
③ 王平和明哲要去图书馆。 (　　)

회화 2

① 他们要了一盘饺子。 (　　)
② 他们不喝可乐。 (　　)
③ 一共九十块。 (　　)

03 알맞은 문장을 적어 대화를 완성해 보세요.

① A 你饿不饿?　B _____ (因为)
② A 今天谁请客?　B _____
③ A 您来点儿什么?　B _____
④ A 一共多少钱?　B _____ (￥65.30)

04 어울리는 문장을 찾아 연결해 보세요.

① 你想吃什么? ·   A 不用了，谢谢。

② 饺子好吃吗? ·   B 我们喝了三瓶可乐。

③ 您还要别的吗? ·   C 很好吃。

④ 你们喝了几瓶可乐? ·   D 对，你随便吃。

⑤ 今天你请客吗? ·   E 我想吃饺子。

05 주어진 단어를 알맞은 순서로 배열하여 문장을 완성해 보세요.

① 吃　朋友　什么　想　你的   ------------------------------------

② 今天　没　早饭　吃　我   ------------------------------------

③ 吃完　去　饭　吧　图书馆   ------------------------------------

④ 饺子　多少　钱　两盘　一共   ------------------------------------

⑤ 别的　你们　吗　还　要   ------------------------------------

06 본문 회화를 참고하여 다음 주제에 맞게 대화해 보세요.

① 친구에게 한턱내는 상황에서 음식을 추천해 보세요.

② 친구와 식당에서 요리를 주문해 보세요.

❶ 각국 화폐 관련 어휘

rénmínbì **人民币** 인민폐(중국)	hányuán **韩元** 원화(한국)	měiyuán **美元** 달러(미국)
rìyuán **日元** 엔(일본)	ōuyuán **欧元** 유로(유럽)	yīngbàng **英镑** 파운드(영국)
gǎngyuán **港元** 홍콩 달러	fǎláng **法郎** 프랑(프랑스)	lǐlā **里拉** 리라(이탈리아)
mǎkè **马克** 마르크(독일)	jiānádàyuán **加拿大元** 캐나다 달러	lúbù **卢布** 루블(러시아)
lúbǐ **卢比** 루피(인도·파키스탄)	yuènándùn **越南盾** 동(베트남)	tàizhū **泰铢** 밧(태국)

66

今天比昨天还热。

오늘은 어제보다 더 더워.

학습 목표

비교 표현을 말할 수 있다.

일어난 일에 대해 동작의 선후 순서에 따라 말할 수 있다.

기본 표현

今天比昨天还热。

妈妈看着天气预报说。

先去超市买东西，再去书店买本书。

단어 ❶

- 比 bǐ 개 ~보다, ~에 비해
- 知道 zhīdào 동 알다
- 着 zhe 조 ~하고 있다, ~한 채로 있다
- 天气预报 tiānqì yùbào 명 일기 예보

- 说 shuō 동 말하다
- 雨 yǔ 명 비
- 会 huì 조동 ~할 것이다, ~할 가능성이 있다

✏️ **한자 쓰기 연습장**

단어 ❶ 쓰기

☑️ 모르는 단어는 체크하고 다시 외워 보세요!

- ☐ ~보다, ~에 비해
- ☐ 알다
- ☐ ~하고 있다, ~한 채로 있다
- ☐ 일기 예보

- ☐ 말하다
- ☐ 비
- ☐ ~할 것이다, ~할 가능성이 있다

今天比昨天还热，不知道明天怎么样。
Jīntiān bǐ zuótiān hái rè,　　bù zhīdào míngtiān zěnmeyàng.

妈妈看着天气预报说："明天有雨，会凉快一点儿的。"
Māma kànzhe tiānqì yùbào shuō: "Míngtiān yǒu yǔ, huì liángkuai yìdiǎnr de."

독해❶
쓰기

오늘은 어제보다 더 더운데 내일은 어떨지 모르겠다. 엄마가 일기 예보를 보시면서 내일 비가

오니 조금 시원해질 것 같다고 말씀하셨다.

단어 ❷

- **打算** dǎsuàn 〔동〕 ~하려고 하다, ~할 계획이다
- **先** xiān 〔부〕 먼저, 우선
- **再** zài 〔부〕 ~하고 나서, ~한 뒤(후)에
- **书店** shūdiàn 〔명〕 서점

- **本** běn 〔양〕 권(책을 세는 단위)
- **星期天** xīngqītiān 〔명〕 일요일
- **电影** diànyǐng 〔명〕 영화

✏️ **한자 쓰기 연습장**

☑️ 모르는 단어는 체크하고 다시 외워 보세요!

단어 ❷
쓰기

- ☐ ~하려고 하다, ~할 계획이다 --------------------
- ☐ 먼저, 우선 --------------------
- ☐ ~하고 나서, ~한 뒤(후)에 --------------------

- ☐ 서점 --------------------
- ☐ 권(책을 세는 단위) --------------------
- ☐ 일요일 --------------------
- ☐ 영화 --------------------

这个星期六，我打算先去超市买东西，再去书店买本书。

Zhège xīngqīliù, wǒ dǎsuàn xiān qù chāoshì mǎi dōngxi, zài qù shūdiàn mǎi běn shū.

星期天我打算跟妈妈一起去看电影。

Xīngqītiān wǒ dǎsuàn gēn māma yìqǐ qù kàn diànyǐng.

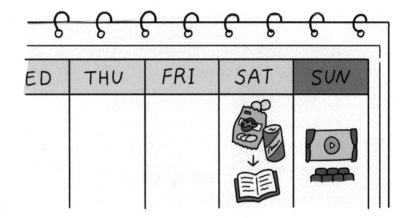

독해 ❷
쓰기

이번 주 토요일 나는 먼저 슈퍼마켓에 가서 물건을 산 뒤 서점에 가서 책을 한 권 살 예정이다.
일요일에는 엄마와 함께 영화를 보러 갈 계획이다.

해설

01 今天比昨天还热。

比 비교문

'A+比+B+형용사'는 'A는 B보다 ~하다'의 뜻으로 비교할 때 쓰는 문형이다. 형용사 앞에는 '还(hái 더)', '更(gèng 더욱)' 등의 부사를 사용하여 비교의 정도를 강조할 수 있지만 很, 非常 등 정도부사는 사용할 수 없다. 부정형은 'A 没有 B+형용사'이다.

我比弟弟高。   나는 남동생보다 키가 크다.
Wǒ bǐ dìdi gāo.

我妈妈比我更漂亮。   우리 엄마는 나보다 더 예뻐.
Wǒ māma bǐ wǒ gèng piàoliang.

我100分，他90分，我的成绩比他好。
Wǒ yìbǎi fēn, tā jiǔshí fēn, wǒ de chéngjì bǐ tā hǎo.
나는 100점, 그는 90점, 나의 성적은 그보다 좋다.

我90分，他100分，我的成绩没有他好。
Wǒ jiǔshí fēn, tā yìbǎi fēn, wǒ de chéngjì méiyǒu tā hǎo.
나는 90점, 그는 100점, 내 성적은 그보다 좋지 못하다.

단어

漂亮 piàoliang 형 예쁘다   **分** fēn 양 점(성적이나 경기의 득점을 나타내는 단위)   **成绩** chéngjì 명 성적

02 妈妈看着天气预报说。

지속을 나타내는 동태조사 着

동태조사 着는 '~하고 있다', '~한 채로 있다'라는 뜻을 나타낸다. 동사 뒤에 쓰여 동작이나 상태의 지속을 나타내며, 동작의 진행을 나타내는 부사 在와 함께 사용되기도 한다.

大家都等着你。　모두들 너를 기다리고 있어.
Dàjiā dōu děngzhe nǐ.

我看着电视吃饭。　나는 TV를 보면서 밥을 먹는다.
Wǒ kànzhe diànshì chī fàn.

老师坐着看书。　선생님은 앉아서 책을 보신다.
Lǎoshī zuòzhe kàn shū.

> **TIP　在 VS 着**
>
> 在와 着는 한국어로 모두 '~하고 있다'로 해석할 수 있다. 하지만 在는 동작이 진행되고 있음을, 着는 동작이나 상태가 그대로 지속되고 있음을 나타낸다.

等 děng 동 기다리다　**坐 zuò** 동 앉다

03 会凉快一点儿的。

조동사 会

조동사 会는 '~할 것이다'라는 뜻으로 어떤 추측과 예측을 나타낼 때 사용된다. 문장 끝에 的를 붙여 '会……的'의 형태로 강한 추측을 나타내기도 한다. 부정형은 不会(bú huì ~하지 않을 것이다)이다.

明天会下雨吗? 　내일 비가 올까?
Míngtiān huì xià yǔ ma?

我会成功的。 　나는 성공할 거야.
Wǒ huì chénggōng de.

今天她不会来。 　오늘 그녀는 오지 않을 것이다.
Jīntiān tā bú huì lái.

단어

成功 chénggōng [동] 성공하다

04 我打算先去超市买东西，再去书店买本书。

계획을 나타내는 동사 打算

打算은 '~하려고 하다', '~할 계획이다'라는 뜻으로 어떤 동작을 하고자 하는 계획이나 생각을 나타낼 때 사용한다.

我打算今年冬天去中国。   나는 올해 겨울에 중국에 갈 계획이다.
Wǒ dǎsuàn jīnnián dōngtiān qù Zhōngguó.

今天我打算十二点回家。   오늘 나는 12시에 집에 들어가려고 한다.
Jīntiān wǒ dǎsuàn shí'èr diǎn huí jiā.

你打算什么时候结婚?   너는 언제 결혼할 생각이야?
Nǐ dǎsuàn shénme shíhou jiéhūn?

동작의 순서를 나타내는 표현 先……再……

'先……再……'는 '먼저 ~하고, 그다음에 ~하다'라는 뜻으로, 동작이나 일의 발생 순서를 나타낸다.

我们先看电影，再去吃饭。   우리는 먼저 영화를 보고 그다음에 밥 먹으러 간다.
Wǒmen xiān kàn diànyǐng, zài qù chī fàn.

先做作业，再看手机。   먼저 숙제를 하고 그다음에 핸드폰을 본다.
Xiān zuò zuòyè, zài kàn shǒujī.

先洗手再吃饭。   먼저 손을 씻고 그다음에 밥을 먹는다.
Xiān xǐ shǒu zài chī fàn.

 단어

回家 huí jiā 图 집에 가다, 귀가하다   **结婚** jiéhūn 图 결혼하다   **作业** zuòyè 명 숙제

手机 shǒujī 명 핸드폰   **洗手** xǐ shǒu 图 손을 씻다

01 발음을 연습해 보세요.

🎧 06-05

一件衣服四个洞，宝宝套进大洞洞。
Yí jiàn yīfu sì ge dòng, bǎobao tàojìn dà dòng dòng.

脑袋钻出中洞洞，小手伸出小洞洞。
Nǎodai zuānchū zhōng dòng dòng, xiǎo shǒu shēnchū xiǎo dòng dòng.

02 녹음을 듣고 본문의 내용과 맞으면 √를 틀리면 x를 쓰시오.

🎧 06-06

독해1

❶ 昨天比今天热。　　　　　　　　　　　　(　)

❷ 妈妈在看天气预报。　　　　　　　　　　(　)

❸ 天气预报说明天有雨。　　　　　　　　　(　)

독해2

❶ 这个星期六我打算去超市。　　　　　　　(　)

❷ 周末我打算跟妈妈一起去看电影。　　　　(　)

❸ 我打算星期天去书店。　　　　　　　　　(　)

03 알맞은 문장을 적어 대화를 완성해 보세요.

❶ A 今天热还是昨天热?　　　B ＿＿＿＿＿＿＿＿＿＿＿＿(比)

❷ A 天气预报说什么?　　　　B ＿＿＿＿＿＿＿＿＿＿＿＿(会)

❸ A 这个星期六你打算做什么?　B ＿＿＿＿＿＿＿＿＿＿＿＿(先/再)

❹ A 妈妈在做什么?　　　　　B ＿＿＿＿＿＿＿＿＿＿＿＿(着)

04 어울리는 문장을 찾아 연결해 보세요.

1 今天天气怎么样?   ·   A 我打算去看电影。

2 天气预报说什么?   ·   B 很凉快。

3 这个周末你打算做什么?   ·   C 嗯，我买了几本书。

4 昨天你去书店了吗?   ·   D 说明天会下雪。

5 你在做什么?   ·   E 我看着电视呢。

05 주어진 단어를 알맞은 순서로 배열하여 문장을 완성해 보세요.

1 热 今天的 还 比 昨天 天气 ----------------------------------

2 咖啡 先 我们 吃饭 再喝 ----------------------------------

3 跟他 看电影 我打算 一起 去 ----------------------------------

4 有雨 天气预报 说 周末 ----------------------------------

5 咖啡厅 喝着 他 在 咖啡 ----------------------------------

06 보기에서 빈칸에 들어갈 알맞은 단어를 찾아 써 보세요.

> 보기　　　　　　知道　本　着　打算　凉快

1 妈妈看(　　　　)我吃饭。

2 你们(　　　　)她是哪国人吗?

3 最近很热，明天下了雨，会(　　　　)一点儿的。

4 这个星期天他(　　　　)去书店买几(　　　　)书。

❓ 중국 먹거리 관련 단어

jiǎozi
饺子
교자

bāozi
包子
(소가 든) 만두

mántou
馒头
(소가 없는) 만두, 찐빵

huājuǎn
花卷
꽃빵

máhuā
麻花
마화

húntun
馄饨
훈툰

dòufǔnǎo
豆腐脑
더우푸나오

yóutiáo
油条
여우탸오

chūnjuǎn
春卷
춘권

7과

请问，这件衣服有浅色的吗?

저기요, 이 옷 옅은 색 있을까요?

학습 목표

물건을 구매할 수 있으며, 좋아하는 색상에 대해서도 말할 수 있다.

기본 표현

挺不错的。

浅色的好看。

可以试试卡其色的吗?

단어 ❶

- **件** jiàn 양 벌, 건(옷, 일, 사건 등을 세는 단위)
- **衣服** yīfu 명 옷
- **挺** tǐng 부 매우, 아주
- **颜色** yánsè 명 색깔, 색상
- **适合** shìhé 동 적합하다, 어울리다

- **为什么** wèi shénme 대 무엇 때문에, 왜
- **深** shēn 형 짙다, 깊다
- **浅色** qiǎnsè 명 옅은 색, 연한 색
- **好看** hǎokàn 형 보기 좋다, 아름답다

✏️ **한자 쓰기 연습장**

🔲 모르는 단어는 체크하고 다시 외워 보세요!

단어 ❶ 쓰기

- ☐ 벌, 건(옷, 일, 사건 등을 세는 단위)
- ☐ 옷
- ☐ 매우, 아주
- ☐ 색깔, 색상

- ☐ 적합하다, 어울리다
- ☐ 무엇 때문에, 왜
- ☐ 짙다, 깊다
- ☐ 옅은 색, 연한 색
- ☐ 보기 좋다, 아름답다

회화 ❶

명철 丽丽，这件衣服怎么样?
Lìli, zhè jiàn yīfu zěnmeyàng?

리리 挺不错的，但是这个颜色不适合你。
Tǐng búcuò de, dànshì zhège yánsè bú shìhé nǐ.

명철 为什么?
Wèi shéme?

리리 太深了，浅色的好看。
Tài shēn le, qiǎnsè de hǎokàn.

회화 ❶ 쓰기

명철 리리야, 이 옷 어때?

리리 괜찮은데, 이 색깔은 너에게 안 어울려.

명철 왜?

리리 너무 짙어, 옅은 색이 예뻐.

단어 ❷

- **请问** qǐngwèn 통 잠깐 여쭙겠습니다, 말 좀 물어봅시다
- **白色** báisè 명 흰색
- **卡其色** kǎqísè 명 카키색
- **可以** kěyǐ 조동 ~해도 좋다, ~할 수 있다

- **试** shì 통 시험 삼아 해 보다, 시도하다
- **稍** shāo 부 잠시, 잠깐
- **等** děng 통 기다리다
- **拿** ná 통 쥐다, 가지다

✎ 한자 쓰기 연습장

단어 ❷
쓰기

☑ 모르는 단어는 체크하고 다시 외워 보세요!

- ☐ 잠깐 여쭙겠습니다, 말 좀 물어봅시다 ----------
- ☐ 흰색 ----------
- ☐ 카키색 ----------
- ☐ ~해도 좋다, ~할 수 있다 ----------

- ☐ 시험 삼아 해 보다, 시도하다 ----------
- ☐ 잠시, 잠깐 ----------
- ☐ 기다리다 ----------
- ☐ 쥐다, 가지다 ----------

회화 ❷

명철　请问，这件衣服有浅色的吗?
Qǐngwèn, zhè jiàn yīfu yǒu qiǎnsè de ma?

종업원　有白色和卡其色的。
Yǒu báisè hé kǎqísè de.

명철　可以试试卡其色的吗?
Kěyǐ shìshi kǎqísè de ma?

종업원　您稍等，我去拿。
Nín shāo děng, wǒ qù ná.

회화 ❷ 쓰기

명철　저기요, 이 옷 옅은 색 있을까요?

종업원　흰색과 카키색이 있습니다.

명철　카키색으로 입어 봐도 될까요?

종업원　잠깐 기다리세요, 제가 가져올게요.

----

01 挺不错的。

정도부사 挺

정도부사 挺은 '挺+형용사+(的)'의 형태로 회화체에 많이 사용된다. 사전적 의미로 '매우', '아주'라는 뜻을 나타내지만 우리가 흔히 알고 있는 정도부사 很 보다는 정도가 약하다. 한국어로 '꽤나', '제법' 정도로 이해할 수 있다.

他学习挺努力的。 그는 공부를 꽤 열심히 한다.
Tā xuéxí tǐng nǔlì de.

最近早晚挺凉快的。 요즘 아침저녁으로 제법 선선하다.
Zuìjìn zǎowǎn tǐng liángkuai de.

这件衣服挺好看的，不过挺贵的。 이 옷 꽤 예쁜데 제법 비싸다.
Zhè jiàn yīfu tǐng hǎokàn de, búguò tǐng guì de.

단어

努力 nǔlì 图 노력하다　**早晚** zǎowǎn 圐 아침과 저녁　**贵** guì 圐 비싸다

02 浅色的好看。

구조조사 的

的는 '~의', '~한'의 뜻으로 '명/동/형+的+명사'의 형태로 사용된다. 뒤에 오는 명사를 수식하는 구조를 이루며, 소속이나 상태 등을 나타낸다.

我的衣服 나의 옷
wǒ de yīfu

买的衣服 산 옷
mǎi de yīfu

漂亮的衣服 예쁜 옷
piàoliang de yīfu

的 뒤에 나오는 명사가 이미 앞서 나왔거나 또는 말하는 사람과 듣는 사람 모두 알고 있는 경우 的 뒤의 명사를 생략하기도 한다.

A **这是谁的手机?** 이것은 누구의 핸드폰이야?
　Zhè shì shéi de shǒujī?

B **是王平的。** 왕핑 거야.
　Shì Wáng Píng de.

我的是好的，他的是不好的。 내 것은 좋은 것이고, 그의 것은 안 좋은 것이다.
Wǒ de shì hǎo de, tā de shì bù hǎo de.

旧的不去，新的不来。 오래된 것이 없어져야 새로운 것이 생긴다.
Jiù de bú qù, xīn de bù lái.

 단어

漂亮 piàoliang 형 예쁘다　　**旧 jiù** 형 낡다, 오래다　　**新 xīn** 형 새롭다

해설

03 可以试试卡其色的吗?

조동사 可以

조동사 可以는 '~해도 된다'는 뜻으로 허락이나 허가의 의미를 나타낸다. 이때 부정형은 不可以(bù kěyǐ ~하면 안 된다)이다. 대답을 할 때 可以는 단독으로 사용할 수도 있다.

A 这本书孩子可以看吗? 이 책은 아이가 봐도 되나요?
　Zhè běn shū háizi kěyǐ kàn ma?

B 可以(看)。 됩니다.
　Kěyǐ (kàn).

A 可以进去吗? 들어가도 되나요?
　Kěyǐ jìnqù ma?

B 不可以。 안 됩니다.
　Bù kěyǐ.

先生，这儿不可以抽烟。 저기요, 여기에서 흡연하면 안 됩니다.
Xiānsheng, zhèr bù kěyǐ chōuyān.

또한 可以는 가능성을 나타낼 때 사용하기도 하는데 이때는 '~할 수 있다'로 해석되며, 부정형은 不能(bù néng ~할 수 없다)이다.

我现在可以说汉语。 나는 이제 중국어를 말할 수 있어.
Wǒ xiànzài kěyǐ shuō Hànyǔ.

我明天可以去。 나 내일 갈 수 있어.
Wǒ míngtiān kěyǐ qù.

단어

孩子 háizi 몡 아이　　进去 jìnqù 동 들어가다　　抽烟 chōuyān 동 흡연하다

试试처럼 동사를 중첩하면 '무언가를 가볍게 시도해보다'라는 의미를 나타낸다. '한번/좀 ~ 해 보다'라고 해석할 수 있으며, '잠깐~하다'라는 뜻으로 동삭의 시간이 짧음을 나타낼 수도 있다. 이때 두 번째 동사는 경성으로 발음한다.*

你尝尝这个菜。　이 요리 한번 먹어봐.
Nǐ chángchang zhège cài.

你好好儿想想。　너 잘 좀 생각해봐.
Nǐ hǎohāor xiǎngxiang.

我去去就来。　나 잠깐 갔다 바로 올 게.
Wǒ qùqu jiù lái.

* 『프렌즈 중국어1』11과 참고

연습문제

발음을 연습해 보세요. 🎧 07-05

手拿花杯，含口清水，仰起头，闭上嘴，

Shǒu ná huābēi, hán kǒu qīngshuǐ, yǎngqǐ tóu, bìshang zuǐ,

咕噜咕噜吐出水。

gūlū gūlū tǔchū shuǐ.

녹음을 듣고 본문의 내용과 맞으면 √를 틀리면 x를 쓰시오. 🎧 07-06

회화 1

❶ 这件衣服挺不错的。 （　）
❷ 他们在饭店。 （　）
❸ 这件衣服的颜色太深了。 （　）

회화 2

❶ 这件衣服没有浅色的。 （　）
❷ 明哲想试试卡其色的。 （　）
❸ 白色的不好看。 （　）

알맞은 문장을 적어 대화를 완성해 보세요.

❶ A 那件衣服怎么样?　B ＿＿＿＿＿＿＿＿ (挺……的)
❷ A 这个颜色好看吗?　B ＿＿＿＿＿＿＿＿
❸ A 这件衣服有浅色的吗?　B ＿＿＿＿＿＿＿ (的)
❹ A 你最喜欢什么颜色?　B ＿＿＿＿＿＿＿＿

88

04 어울리는 문장을 찾아 연결해 보세요.

① 他喜欢什么颜色? ·   A 是吗? 那我试试浅色的。

② 这件怎么样? ·   B 我想买卡其色的。

③ 深色的不太适合你。 ·   C 可以, 您试试吧。

④ 你想买什么颜色的? ·   D 他喜欢白色。

⑤ 我可以试试这件衣服吗? ·   E 挺不错的。

05 주어진 단어를 알맞은 순서로 배열하여 문장을 완성해 보세요.

① 这 挺 衣服 件 不错的 _____

② 颜色 不 个 好看 那 _____

③ 浅色 衣服 的 我 没有 _____

④ 试试 衣服 他 卡其色的 想 _____

⑤ 拿 我 衣服 去 现在 _____

06 본문 회화를 참고하여 다음 주제에 맞게 대화해 보세요.

① 친구와 좋아하는 색상에 대해 이야기를 나눠 보세요.

② 친구와 함께 옷을 사는 상황을 생각하며 대화해 보세요.

플러스 표현

❶ 색깔 관련 어휘

hóngsè **红色** 빨간색	chéngsè **橙色** 주황색	huángsè **黄色** 노란색
lǜsè **绿色** 초록색	lánsè **蓝色** 푸른색	hēisè **黑色** 검은색
zōngsè **棕色** 갈색	fěnsè **粉色** 분홍색	zǐsè **紫色** 보라색
huīsè **灰色** 회색	zàngqīngsè **藏青色** 네이비색	mǐsè **米色** 베이지색
jīnsè **金色** 황금색	yínsè **银色** 은색	qīngsè **青色** 청색

请问，去银行怎么走?

실례지만 은행에 가려면 어떻게 가나요?

길을 물어보고 목적지를 찾아갈 수 있다.

离宿舍远吗?

走10分钟就能到。

一直往前走就是。

단어 ❶

- **邮局** yóujú [명] 우체국
- **就** jiù [부] 곧, 바로
- **旁边** pángbiān [명] 옆
- **离** lí [개] ~에서, ~로부터
- **宿舍** sùshè [명] 기숙사

- **远** yuǎn [형] 멀다
- **走** zǒu [동] 가다, 걷다
- **分钟** fēnzhōng [명] 분(시간)
- **能** néng [조동] ~할 수 있다, ~할 가능성이 있다
- **到** dào [동] 도착하다

✎ 한자 쓰기 연습장

단어 ❶ 쓰기

☑ 모르는 단어는 체크하고 다시 외워 보세요!

- ☐ 우체국 ----------
- ☐ 곧, 바로 ----------
- ☐ 옆 ----------
- ☐ ~에서, ~로부터, ----------
- ☐ 기숙사 ----------
- ☐ 멀다 ----------

- ☐ 가다, 걷다 ----------
- ☐ 분(시간) ----------
- ☐ ~할 수 있다, ~할 가능성이 있다 ----------
- ☐ 도착하다 ----------

회화 ❶

명철　老师，邮局在哪儿?
Lǎoshī,　yóujú zài nǎr?

선생님　就在韩国图书馆旁边。
Jiù zài Hánguó túshūguǎn pángbiān.

명철　离宿舍远吗?
Lí sùshè yuǎn ma?

선생님　不太远，走10分钟就能到。
Bú tài yuǎn,　zǒu shí fēnzhōng jiù néng dào.

회화❶
쓰기

명철　선생님, 우체국은 어디에 있어요?

선생님　한국도서관 바로 옆에 있어요.

명철　기숙사에서 먼가요?

선생님　그다지 멀지 않아요, 걸어서 10분이면 바로 도착할 수 있어요.

8과 请问，去银行怎么走? 93

단어 ❷

- 银行 yínháng 圆 은행
- 怎么 zěnme 때 어떻게
- 一直 yìzhí 團 줄곧, 곧바로

- 往 wǎng 圀 ~쪽으로
- 前 qián 圆 앞
- 近 jìn 圀 가깝다

✏️ 한자 쓰기 연습장

단어❷
쓰기

✅ 모르는 단어는 체크하고 다시 외워 보세요!

☐ 은행   ---------   ☐ ~쪽으로   ---------

☐ 어떻게   ---------   ☐ 앞   ---------

☐ 줄곧, 곧바로   ---------   ☐ 가깝다   ---------

회화 ❷

명철 **请问，去银行怎么走？**
Qǐngwèn, qù yínháng zěnme zǒu?

행인 **一直往前走就是。**
Yìzhí wǎng qián zǒu jiù shì.

명철 **谢谢。离邮局近不近？**
Xièxie.　Lí yóujú jìn bu jìn?

행인 **很近，银行旁边就是邮局。**
Hěn jìn,　yínháng pángbiān jiù shì yóujú.

회화 ❷ 쓰기

명철　실례지만 은행에 가려면 어떻게 가나요?

－－

행인　쭉 앞으로 가면 바로 은행입니다.

－－

명철　감사합니다. 우체국에서 가까운가요?

－－

행인　가까워요, 은행 옆이 바로 우체국이에요.

－－

해설

01 **离宿舍远吗? / 一直往前走就是。**

> 개사 离 / 往

离는 '~에서', '~까지'라는 뜻으로 공간적 또는 시간적 격차(간격)를 나타낼 때 사용한다.

离 + 장소/공간 ~에서

银行离这儿远不远?   은행은 여기에서 먼가요?
Yínháng lí zhèr yuǎn bu yuǎn?

公司离我家很近。   회사는 우리 집에서 가깝다.
Gōngsī lí wǒ jiā hěn jìn.

离 + 시간/기간 ~까지

离下课还有十分钟。   수업 마칠 때까지 아직 10분 남았다.
Lí xiàkè hái yǒu shí fēnzhōng.

离放假还有一个星期。   방학까지 아직 한 주가 남았다.
Lí fàngjià hái yǒu yí ge xīngqī.

往은 '~쪽으로'라는 뜻으로 동작의 방향을 나타낼 때 사용한다.

同学们, 往前看。   학생 여러분, 앞쪽으로 보세요.
Tóngxuémen, wǎng qián kàn.

你往这儿来。   이쪽으로 오세요.
Nǐ wǎng zhèr lái.

단어   **公司** gōngsī 몡 회사   **下课** xiàkè 동 수업을 마치다   **放假** fàngjià 몡동 방학(하다)

96

02 走10分钟就能到。

시량보어

동사 뒤에서 동작이 진행된 시간의 길이, 즉 동작의 지속 시간을 나태내는 성분을 시량보어라고 한다.

我们休息十分钟吧。 우리 10분 쉬자.
Wǒmen xiūxi shí fēnzhōng ba.

我昨天睡了五个小时。 나는 어제 5시간 잤어.
Wǒ zuótiān shuìle wǔ ge xiǎoshí.

我饿了一天。 나는 하루 종일 굶었어.
Wǒ èle yìtiān.

*시간 길이 표현

일 년 (반)	一年(半) yì nián (bàn)	하루 (반)	一天(半) yì tiān (bàn)
한 달 (반)	一个(半)月 yí ge (bàn) yuè	한 시간 (반)	一个(半)小时 yí ge (bàn) xiǎoshí
한 주 (동안)	一个星期 / 一周 yí ge xīngqī / yì zhōu	일 분 (동안)	一分钟 yì fēnzhōng

단어

睡 shuì 동 자다　**饿** è 형동 배고프다, 굶다

조동사 能

能은 '~할 수 있다'라는 뜻의 조동사로 어떠한 능력을 갖고 있거나 어떤 조건을 갖췄을 때
사용한다. 부정형은 不能(bù néng ~할 수 없다)이다.

我能吃辣的。 나는 매운 걸 먹을 수 있어.
Wǒ néng chī là de.

我能喝五瓶啤酒。 나는 맥주 다섯 병을 마실 수 있어.
Wǒ néng hē wǔ píng píjiǔ.

明天我不能去你家。 내일 나는 너희 집에 갈 수 없어.
Míngtiān wǒ bù néng qù nǐ jiā.

어떤 일에 대한 허락을 나타낼 때도 能을 사용할 수 있지만, 일반적으로 可以를 주로 사용한
다. 이때 부정형은 不可以(bù kěyǐ ~하면 안 된다)이다.

A **这儿能吃东西吗?** 여기서 음식 먹을 수 있나요?
Zhèr néng chī dōngxi ma?

B **对不起，不可以。** 미안하지만 안 됩니다.
Duìbuqǐ, bù kěyǐ.

단어

辣 là [형] 맵다   瓶 píng [양] 병(병에 담긴 물건을 세는 단위)   啤酒 píjiǔ [명] 맥주

03 请问，去银行怎么走?

길을 묻는 표현 (去)……怎么走?

怎么는 '어떻게'라는 뜻으로 동작의 방식을 물을 때 사용한다. '(去)……怎么走?'는 '~에 (가려면) 어떻게 가나요?'라는 뜻의 길을 묻는 표현으로, 去 뒤에는 가고자 하는 목적지를 쓴다. 이때 去는 생략이 가능하다.

请问，去火车站怎么走?　　실례지만 기차역에 가려면 어떻게 가나요?
Qǐngwèn, qù huǒchē zhàn zěnme zǒu?

请问，大学医院怎么走?　　말씀 좀 여쭐게요, 대학병원은 어떻게 갑니까?
Qǐngwèn, dàxué yīyuàn zěnme zǒu?

同学，机场怎么走?　　학생, 공항은 어떻게 가나요?
Tóngxué, jīchǎng zěnme zǒu?

 火车站 huǒchē zhàn 명 기차역　　大学医院 dàxué yīyuàn 명 대학병원　　机场 jīchǎng 명 공항

01 발음을 연습해 보세요. 🎧 08-05

小乌龟，慢慢走，背着房子去旅游。

Xiǎo wūguī, mànman zǒu, bēizhe fángzi qù lǚyóu.

不怕风，不怕雨，是个游泳小能手。

Bú pà fēng, bú pà yǔ, shì ge yóuyǒng xiǎo néngshǒu.

02 녹음을 듣고 본문의 내용과 맞으면 √를 틀리면 ✕를 쓰시오. 🎧 08-06

회화 1

❶ 老师知道邮局在哪儿。 （ ）

❷ 邮局离宿舍很远。 （ ）

❸ 走十分钟就能到宿舍。 （ ）

회화 2

❶ 银行在邮局旁边。 （ ）

❷ 一直往前走就是银行。 （ ）

❸ 银行离邮局不近。 （ ）

03 알맞은 문장을 적어 대화를 완성해 보세요.

❶ A 请问，邮局在哪儿？ B _____

❷ A 请问，去银行怎么走？ B _____

❸ A 你家离学校远不远？ B _____ (离)

❹ A 从你家到学校多长时间？ B _____

・从……到…… cóng…dào… ~부터 ~까지 ・多长时间 duō cháng shíjiān 얼마나, 얼마동안

04 어울리는 문장을 찾아 연결해 보세요.

① 请问，中国银行在哪儿?　·　　　　A 他去医院。

② 他去哪儿?　·　　　　B 不远，很近。

③ 请问，去学生宿舍怎么走?　·　　　C 不是，是图书馆。

④ 学校离你家远不远?　·　　　　D 就在邮局旁边。

⑤ 宿舍旁边是邮局吗?　·　　　　E 一直往前走就是学生宿舍。

05 주어진 단어를 알맞은 순서로 배열하여 문장을 완성해 보세요.

① 哪儿　我　知道　邮局　在　　-------------------------------

② 离宿舍　远　银行　不远　　　-------------------------------

③ 就　图书馆　旁边　邮局　是　-------------------------------

④ 走　往前　就是　一直　我家　-------------------------------

⑤ 就能　到　10分钟　我们　走　-------------------------------

06 본문 회화를 참고하여 다음 주제에 맞게 대화해 보세요.

① 행인에게 우체국에 가는 길을 물어보세요.

② 친구에게 학교 부근에 은행에 있는지, 또 거리가 가까운지 물어보세요.

❶ 방향·위치 관련 어휘

shàngbian **上边** 위쪽	xiàbian **下边** 아래쪽	zuǒbian **左边** 왼쪽
yòubian **右边** 오른쪽	lǐbian **里边** 안쪽	wàibian **外边** 바깥쪽
hòubian **后边** 뒤쪽	pángbiān **旁边** 옆	dōngbian **东边** 동쪽
xībian **西边** 서쪽	nánbian **南边** 남쪽	běibian **北边** 북쪽
zhōngjiān **中间** 가운데	duìmiàn **对面** 맞은편	xiéduìmiàn **斜对面** 대각선 쪽

9과

你是不是感冒了?

너 감기 걸린 거 아니야?

학습 목표

아픈 친구에게 증상을 물을 수 있다.

기본 표현

是不是没休息好?

好像是。

现在好多了。

단어 ❶

- **舒服** shūfu 혱 편안하다
- **头** tóu 몡 머리
- **疼** téng 혱 아프다

- **力气** lìqi 몡 힘, 기력
- **感冒** gǎnmào 몡 퉁 감기 (걸리다)
- **好像** hǎoxiàng 부 마치 ~같다

🖉 **한자 쓰기 연습장**

🖉 **단어 ❶ 쓰기**

✔️ 모르는 단어는 체크하고 다시 외워 보세요!

☐ 편안하다   ☐ 힘, 기력

☐ 머리   ☐ 감기 (걸리다)

☐ 아프다   ☐ 마치 ~같다

회화 ❶

리리 **明哲，你哪儿不舒服？**
Míngzhé, nǐ nǎr bù shūfu?

명철 **头有点儿疼，没有力气。**
Tóu yǒudiǎnr téng, méiyǒu lìqi.

리리 **你是不是感冒了？**
Nǐ shì bu shì gǎnmào le?

명철 **好像是。**
Hǎoxiàng shì.

회화 ❶ 쓰기

리리 명철아, 너 어디가 안 좋아?

명철 머리가 좀 아프고, 기운이 없어.

리리 너 감기 걸린 거 아니야?

명철 그런 것 같아.

단어 ❷

- **多** duō 휑 (차이가) 많다, 크다
- **了** le 조 (문장 끝에 쓰어) 새로운 상황의 출현이나 변화를 나타냄

- **经常** jīngcháng 부 자주, 늘, 항상
- **熬夜** áoyè 동 밤을 새다, 밤새움하다

✏️ **한자 쓰기 연습장**

단어❷ 쓰기

✔️ 모르는 단어는 체크하고 다시 외워 보세요!

- ☐ (차이가) 많다, 크다 _____
- ☐ 자주, 늘, 항상 _____
- ☐ 새로운 상황의 _____ 출현이나 변화를 나타냄
- ☐ 밤을 새다, _____ 밤새움하다

회화 ❷

왕핑　明哲，听说你身体不舒服。
Míngzhé, tīngshuō nǐ shēntǐ bù shūfu.

명철　现在好多了。
Xiànzài hǎoduō le.

왕핑　是不是没休息好?
Shì bu shì méi xiūxi hǎo?

명철　是的，最近经常熬夜。
Shì de, zuìjìn jīngcháng áoyè.

회화 ❷
쓰기

왕핑	명철아, 듣자 하니 너 몸이 안 좋다던데.
명철	지금은 많이 좋아졌어.
왕핑	푹 못 쉰 거 아니야?
명철	응, 요즘 자주 밤을 샜어.

해설

01 你是不是感冒了?

추측성 질문 是不是……?

是不是 뒤에 동사, 형용사 또는 문장구절이 나올 때는 '~인 거 아니야?', '~인 거 맞지?'라는 뜻을 나타낸다. 어떤 사실이나 상황에 대한 비교적 강한 추측을 표현하거나 알고 있는 사실이 맞는지 확인하고자 할 때 사용한다.

你今天是不是很累? 너 오늘 많이 피곤하지?
Nǐ jīntiān shì bu shì hěn lèi?

你是不是想去中国? 너 중국 가고 싶은 거 맞지?
Nǐ shì bu shì xiǎng qù Zhōngguó?

你是不是喜欢我? 너 나 좋아하지?
Nǐ shì bu shì xǐhuan wǒ?

是不是는 'A是B(A는 B이다)' 형태의 정반의문문으로도 쓰인다. 이때 A, B는 모두 명사나 대명사이다. *

你是不是大学生? 너 대학생이니?
Nǐ shì bu shì dàxuéshēng?

他是不是你的朋友? 그는 너의 친구니?
Tā shì bu shì nǐ de péngyou?

* 『프렌즈 중국어1』 3과 참고

 단어

大学生 dàxuéshēng 몡 대학생

108

02 好像是。

부사 好像

好像은 '마치 ~같다'라는 뜻으로 추측이나 예측할 때 사용한다.

家里好像没有人。　집에 사람이 없는 것 같다.
Jiāli hǎoxiàng méiyǒu rén.

小王今天好像没来学校。　샤오왕은 오늘 학교에 안 온 것 같다.
Xiǎo Wáng jīntiān hǎoxiàng méi lái xuéxiào.

外边好像下雨了。　밖에 비가 내리는 것 같다.
Wàibian hǎoxiàng xià yǔ le.

단어　家 jiā 명 집　里 li 명 안, 안쪽　学校 xuéxiào 명 학교　外边 wàibian 명 밖, 바깥

해설

03 现在好多了。/ 是不是没休息好?

결과보어 多 / 好

多는 '많이~하다'는 뜻으로 형용사나 동사 뒤에 쓰여 이전 상황과 비교했을 때 차이가 많이 나거나 기본적인 양에 비해 정도가 지나침을 나타낸다.

东西比去年贵多了。   물건이 작년보다 많이 비싸졌다.
Dōngxi bǐ qùnián guìduō le.

爸爸今天喝多了。   아빠는 오늘 많이 마시셨다.
Bàba jīntiān hēduō le.

我今天好像吃多了，有点儿不舒服。   나 오늘 많이 먹은 것 같아, 좀 불편해.
Wǒ jīntiān hǎoxiàng chīduō le, yǒudiǎnr bù shūfu.

好는 '잘 ~하다', '다 ~하다'라는 뜻으로 동사 뒤에 쓰여 동작이 잘 마무리되거나 만족할 정도로 잘 끝남을 나타낸다.

你想好了吗?   너 잘 생각해 봤어?
Nǐ xiǎnghǎo le ma?

同学们，准备好了吗?   학생 여러분, 준비 다 되었나요?
Tóngxuémen, zhǔnbèi hǎo le ma?

今天我请客，大家吃好，喝好，玩儿好。
Jīntiān wǒ qǐngkè, dàjiā chīhǎo, hēhǎo, wánrhǎo.
오늘 내가 살게, 다들 잘 먹고 잘 마시고 재밌게 놀아.

단어

去年 qùnián 몡작년   **准备** zhǔnbèi 통준비하다   **玩儿** wánr 통놀다

어기조사 了

어기조사 了는 문장 끝에 쓰여 상태의 변화나 새로운 상황의 출현을 나타낸다.

天黑了，回家吧。　날이 어두워졌어, 집에 가자.
Tiān hēi le, huí jiā ba.

十一月了，天冷了。　11월이야, 날씨가 추워졌어.
Shíyī yuè le, tiān lěng le.

感冒已经好了。　감기는 이미 다 나았어.
Gǎnmào yǐjīng hǎo le.

단어

黑 hēi [형] 검다. 어둡다　已经 yǐjīng [부] 이미. 벌써

연습문제

01 발음을 연습해 보세요.

🎧 09-05

一二一，走呀走。妈妈宝宝手拉手。

Yī èr yī, zǒu ya zǒu. Māma bǎobao shǒu lā shǒu.

小脚踩在大脚上。向前走，向后走。

Xiǎojiǎo cǎi zài dàjiǎo shàng. Xiàng qián zǒu, xiàng hòu zǒu.

02 녹음을 듣고 본문의 내용과 맞으면 √를 틀리면 x를 쓰시오.

🎧 09-06

회화 1

① 明哲有点儿不舒服。   (　　)

② 丽丽没有力气。   (　　)

③ 明哲好像感冒了。   (　　)

회화 2

① 明哲身体一直挺好的。   (　　)

② 明哲最近经常熬夜。   (　　)

③ 王平没休息好。   (　　)

03 알맞은 문장을 적어 대화를 완성해 보세요.

① A 你哪儿不舒服？   B _____

② A 他是不是感冒了？   B _____ (好像)

③ A 你身体怎么样啊？   B _____ (多)

④ A _____ (是不是)   B 是的，我最近经常熬夜。

04

어울리는 문장을 찾아 연결해 보세요.

① 听说她不舒服。 · · A 那现在就去医院吧。

② 你是不是感冒了? · · B 他全身没力气。

③ 他哪儿不舒服? · · C 是的，现在好多了。

④ 我的头太疼了。 · · D 没有，我不喜欢熬夜。

⑤ 你昨天熬夜了吗? · · E 我好像是感冒了。

05

주어진 단어를 알맞은 순서로 배열하여 문장을 완성해 보세요.

① 有点儿 舒服 今天 不 我 _____

② 没有 现在 力气 还是 _____

③ 经常 好像 最近 熬夜 爸爸 _____

④ 是不是 好 没 休息 昨天你 _____

⑤ 好 妈妈的 多了 身体 最近 _____

06

본문 회화를 참고하여 다음 주제에 맞게 대화해 보세요.

① 몸이 좋지 않은 친구에게 안부를 물어보세요

② 기력이 없어 보이는 친구에게 왜 피곤한지 물어보세요.

🔍 증상 관련 어휘

fāshāo	késou	liú bítì
发烧	咳嗽	流鼻涕
열이 나다	기침(하다)	콧물을 흘리다

dǎ pēntì	tóu yūn	sǎngzi téng
打喷嚏	头晕	嗓子疼
재채기를 하다	머리가 어지럽다	목이 아프다

ǒutù	chū hàn	lā dùzi
呕吐	出汗	拉肚子
구토하다	땀이 나다	설사하다

niǔshāng	fāyán	quánshēn suāntòng
扭伤	发炎	全身酸痛
삐다, 접질리다	염증을 일으키다	몸살 나다

shòushāng	chī yào	shūyè
受伤	吃药	输液
다치다	약을 먹다	수액을 맞다

你考得怎么样?

시험 본 거 어때?

학습 목표

학습 목표

시험을 잘 쳤는지 여부와 지각한 이유에 대해 물을 수 있다.

기본 표현

今天我起晚了。

凌晨两点才睡。

你考得怎么样?

단어 ①

- 迟到 chídào 동 지각하다
- 凌晨 língchén 명 이른 새벽
- 起 qǐ 동 일어나다
- 才 cái 무 ~에야 (비로소)
- 晚 wǎn 형 늦다
- 睡 shuì 동 자다
- 考试 kǎoshì 명동 시험(을 치다)

🖊 한자 쓰기 연습장

✓ 모르는 단어는 체크하고 다시 외워 보세요!

**단어 ①
쓰기**

- ☐ 지각하다 --------
- ☐ 이른 새벽 --------
- ☐ 일어나다 --------
- ☐ ~에야 (비로소) --------
- ☐ 늦다 --------
- ☐ 자다 --------
- ☐ 시험(을 치다) --------

회화 ❶

왕핑 **丽丽，你怎么迟到了？**
Lìli, nǐ zěnme chídào le?

리리 **今天我起晚了。**
Jīntiān wǒ qǐwǎn le.

왕핑 **为什么？**
Wèi shéme?

리리 **今天有考试，凌晨两点才睡。**
Jīntiān yǒu kǎoshì, língchén liǎng diǎn cái shuì.

왕핑　리리야, 너 왜 지각했어?

리리　나 오늘 늦게 일어났어.

왕핑　왜?

리리　오늘 시험이 있어서 새벽 2시에야 잤어.

단어 ❷

- 考 kǎo 통 시험을 치다, 보다
- 得 de 조 동사나 형용사 뒤에 쓰어 정도를 나타내는 말을 연결함
- 砸 zá 통 망치다, 실패하다
- 没关系 méi guānxi 괜찮다, 문제없다

- 下次 xiàcì 명 다음 번
- 努力 nǔlì 동 노력하다, 힘쓰다
- 鼓励 gǔlì 동 격려하다
- 杯 bēi 양 잔(잔에 담긴 음료를 세는 단위)

✏️ 한자 쓰기 연습장

단어 ❷
쓰기

☑️ 모르는 단어는 체크하고 다시 외워 보세요!

- ☐ 시험을 치다, 보다
- ☐ 동사나 형용사 뒤에 쓰여 정도를 나타내는 말을 연결함
- ☐ 망치다, 실패하다
- ☐ 괜찮다, 문제없다

- ☐ 다음 번
- ☐ 노력하다, 힘쓰다
- ☐ 격려하다
- ☐ 잔 (잔에 담긴 음료를 세는 단위)

회화 ❷

명철 丽丽，你考得怎么样?
Lìli, nǐ kǎo de zěnmeyàng?

리리 考砸了。
Kǎozá le.

명철 没关系，下次努力。
Méi guānxi, xiàcì nǔlì.

리리 谢谢鼓励，咱们去喝杯咖啡吧。
Xièxie gǔlì, zánmen qù hē bēi kāfēi ba.

 회화❷ 쓰기

명철 리리야, 시험 본 거 어때?

리리 시험 망쳤어.

명철 괜찮아, 다음에 열심히 해.

리리 격려해 줘서 고마워, 우리 커피나 한 잔 하러 가자.

----

01 你怎么迟到了?

의문대명사 怎么

怎么는 방식을 묻는 것* 외에 '왜', '어째서'라는 뜻으로 원인을 물을 때도 사용한다.

你怎么在这儿?　　너가 왜 여기에 있어?
Nǐ zěnme zài zhèr?

他怎么不吃饭?　　그는 어째서 밥을 안 먹니?
Tā zěnme bù chī fàn?

今天她怎么没来上课?　　오늘 그녀는 왜 수업하러 안 왔어요?
Jīntiān tā zěnme méi lái shàngkè?

* 8과 p.99 참고

단어
上课 shàngkè 동 수업하다

02 起晚了。/ 考砸了。

결과보어 晚 / 砸

晚은 '늦다'라는 뜻으로 동사 뒤에 쓰여 동작의 결과가 예상보다 늦음을 나타낸다.

我昨晚睡晚了，所以今天起晚了。   어제 저녁 늦게 잤더니 오늘 늦게 일어났다.
Wǒ zuówǎn shuìwǎn le, suǒyǐ jīntiān qǐwǎn le.

对不起，我来晚了。   미안해요, 제가 늦었어요.
Duìbuqǐ, wǒ láilwǎn le.

我去晚了，大家都吃完了。   내가 늦게 갔더니 모두 식사를 마쳤다.
Wǒ qùwǎn le, dàjiā dōu chīwán le.

砸는 '실패하다', '망치다'라는 뜻으로 동사 뒤에 쓰여 어떤 일을 잘 하지 못했거나 실패했을 때 사용한다.

这件事办砸了。   이 일은 망쳤다.
Zhè jiàn shì bànzá le.

我汉语考得不错，英语考砸了。   나 중국어 시험은 괜찮게 쳤는데, 영어 시험은 망쳤어.
Wǒ Hànyǔ kǎo de búcuò, Yīngyǔ kǎozá le.

这个菜，我做砸了。   나는 이 요리를 망쳤다.
Zhège cài, wǒ zuòzá le.

 단어

昨晚 zuówǎn 몡 어제 저녁   **办** bàn 동 (일 따위를) 하다   **英语** Yīngyǔ 몡 영어

해설

03 凌晨两点才睡。

> ### 시간부사 才
>
> 才는 '~에야 (비로소)'라는 뜻으로 시간이나 나이 등 수량 뒤에 쓰여 동작이나 행동이 발생한 시기가 늦음을 나타낸다.

我今天十点才起床。　나는 오늘 10시에야 기상했다.
Wǒ jīntiān shí diǎn cái qǐchuáng.

他五十岁才结婚。　그는 50살에야 결혼했다.
Tā wǔshí suì cái jiéhūn.

两点上课，她两点半才来。　2시에 수업을 하는데, 그녀는 2시 30분에야 왔다.
Liǎng diǎn shàngkè, tā liǎng diǎn bàn cái lái.

단어

起床 qǐchuáng 동 기상하다　　**结婚** jiéhūn 동 결혼하다

04 考试考得怎么样?

정도보어

정도보어는 술어(동사, 형용사)의 결과나 상태의 정도를 나타내는 말이며, 기본 문형은 '술어
+得+정도보어'이다. 이때 得는 술어와 정도보어를 연결시키는 역할을 한다. 정도보어는 주
로 형용사가 사용되는데, 때로는 동사, 동사구 또는 문장이 사용되기도 한다. 부정형은 동사
가 아닌 정도보어 앞에 不를 붙여서 표현한다.

你最近过得好吗?　너 요즘 잘 지내?
Nǐ zuìjìn guò de hǎo ma?

我们昨天玩儿得很高兴。　우리는 어제 즐겁게 놀았다.
Wǒmen zuótiān wánr de hěn gāoxìng.

我昨晚睡得不好。　나는 어제 밤 잠을 잘 못 잤다.
Wǒ zuówǎn shuì de bù hǎo.

정도보어가 사용되는 문장에 목적어가 올 때는 '(동사)+목적어+동사+得+정도보어'의 형태
로 말하며, 이때 제일 앞에 동사는 생략이 가능하다.

她(说)汉语说得很好。　그녀는 중국어를 잘 한다.
Tā (shuō) Hànyǔ shuō de hěn hǎo.

她(写)汉字写得不太好。　그녀는 한자를 잘 쓰지 못한다.
Tā (xiě) hànzì xiě de bú tài hǎo.

단어

过 guò 통 지내다　　玩儿 wánr 통 놀다　　汉字 hànzì 명 한자

01 발음을 연습해 보세요. 🎧 10-05

小小船，两头尖。我和爸爸去划船。

Xiǎoxiǎo chuán, liǎngtóu jiān. Wǒ hé bàba qù huá chuán.

划呀划，划呀划。我们一起去游玩。

Huá ya huá, huá ya huá. Wǒmen yìqǐ qù yóuwán.

02 녹음을 듣고 본문의 내용과 맞으면 √를 틀리면 x를 쓰시오. 🎧 10-06

회화 1

❶ 王平今天来晚了。 ( )

❷ 丽丽睡得不好。 ( )

❸ 丽丽明天有考试。 ( )

회화 2

❶ 丽丽考得很好。 ( )

❷ 他们正在喝咖啡。 ( )

❸ 明哲鼓励了丽丽。 ( )

03 알맞은 문장을 적어 대화를 완성해 보세요.

❶ A 你怎么迟到了？ B _____

❷ A 今天的考试，我考砸了。 B _____

❸ A 你昨天几点睡的？ B _____ (才)

❹ A 你考试考得怎么样？ B _____

04 어울리는 문장을 찾아 연결해 보세요.

❶ 你怎么现在才来?　　　　·　　　　A 没有，是明天下午。

❷ 他今天下午有考试吗?　　·　　　　B 她昨天没睡好。

❸ 你考得怎么样?　　　　　·　　　　C 我起晚了，对不起。

❹ 她今天脸色不好。　　　　·　　　　D 没关系，下次努力。

❺ 我考试没考好。　　　　　·　　　　E 考砸了。

05 주어진 단어를 알맞은 순서로 배열하여 문장을 완성해 보세요.

❶ 迟到了　今天　你　怎么　　　---------------------------------

❷ 不　我　昨天　得　考　好　　---------------------------------

❸ 我　才　吃　晚饭　八点　　　---------------------------------

❹ 咖啡　咱们　喝　吧　杯　去　---------------------------------

❺ 鼓励　谢谢你　我　经常　　　---------------------------------

06 본문 회화를 참고하여 다음 주제에 맞게 대화해 보세요.

❶ 친구에게 지각한 이유를 물어보세요.

❷ 친구에게 시험을 잘 치렀는지 물어보세요.

플러스 표현

❶ 학교생활 관련 어휘

xiàoyuán **校园** 캠퍼스	qīzhōng kǎoshì **期中考试** 중간고사	qīmò kǎoshì **期末考试** 기말고사
shǔjià **暑假** 여름방학	hánjià **寒假** 겨울방학	kāixué **开学** 개학하다
fàngjià **放假** 방학하다	zhuānyè **专业** 전공, 학과	niánjí **年级** 학년
shètuán **社团** 동아리	jiàoshì **教室** 교실	jiàoshòu **教授** 교수
zhùjiào **助教** (대학의) 조교	bàngōngshì **办公室** 사무실	zuòyè **作业** 숙제, 과제

放假你有什么打算？

방학 때 너 뭐 할 계획이야?

방학 계획 및 여행을 제안할 수 있다.

要不跟我一起去丽江吧。

你去过丽江吗？

如果有时间，我也想去。

단어 ①

- 放假 fàngjià 통 방학하다, 휴가로 쉬다
- 打算 dǎsuàn 명 생각, 계획
- 丽江 Lìjiāng 고유 리장(도시명)
- 旅游 lǚyóu 통 여행하다

- 还 hái 부 아직
- 想 xiǎng 통 생각하다
- 要不 yàobù 접 그렇지 않으면
- 跟 gēn 개 ~와(과)

✎ 한자 쓰기 연습장

✔ 모르는 단어는 체크하고 다시 외워 보세요!

단어 ①
쓰기

☐ 방학하다, 휴가로 쉬다 _____

☐ 아직 _____

☐ 생각, 계획 _____

☐ 생각하다 _____

☐ 리장(도시명) _____

☐ 그렇지 않으면 _____

☐ 여행하다 _____

☐ ~와(과) _____

회화 ❶

명철 **王平，放假你有什么打算？**
Wáng Píng, fàngjià nǐ yǒu shéme dǎsuàn?

왕핑 **我想去丽江旅游。你呢？**
Wǒ xiǎng qù Lìjiāng lǚyóu. Nǐ ne?

명철 **我还没想好。**
Wǒ hái méi xiǎnghǎo.

왕핑 **要不跟我一起去丽江吧。**
Yàobù gēn wǒ yìqǐ qù Lìjiāng ba.

회화 ❶ 쓰기

명철   왕핑, 방학 때 너 뭐 할 계획이야?

왕핑   나 리장에 여행 가고 싶어. 너는?

명철   난 아직 못 정했어.

왕핑   아니면 나랑 같이 리장 가자.

단어 ❷

- **过** guo 조 ~한 적이 있다(경험을 나타냄)

- **如果** rúguǒ 접 만약, 만일

- **那** nà 접 그러면, 그렇다면

- **哇** wā 감 와(놀람을 나타냄)

- **期待** qīdài 동 기대하다

🖋 **한자 쓰기 연습장**

단어 ❷ 쓰기

☑ 모르는 단어는 체크하고 다시 외워 보세요!

- ☐ ~한 적이 있다
  (경험을 나타냄) ----------

- ☐ 만약, 만일 ----------

- ☐ 그러면, 그렇다면 ----------

- ☐ 와(놀람을 나타냄) ----------

- ☐ 기대하다 ----------

회화 ❷

명철 **你去过丽江吗?**
Nǐ qùguo Lìjiāng ma?

리리 **没去过。如果有时间，我也想去。**
Méi qùguo.　Rúguǒ yǒu shíjiān,　wǒ yě xiǎng qù.

명철 **那我们跟王平一起去吧。**
Nà wǒmen gēn Wáng Píng yìqǐ qù ba.

리리 **哇，好期待啊!**
Wā,　hǎo qīdài a!

회화❷ 쓰기

명철　너 리장에 가 본 적 있어?

리리　가 본 적 없어. 만약 시간이 되면 나도 가고 싶어.

명철　그럼 우리 왕핑이랑 같이 가자.

리리　와, 너무 기대된다!

▶ 해설

01 要不跟我一起去丽江吧。

접속사 要不

要不는 '그렇지 않으면', '아니면'이라는 뜻의 접속사로 의견을 제시하거나 가벼운 경고를 나타낼 때 사용한다.

我不想去，要不你去吧。　나는 안 가고 싶은데, 아니면 네가 가.
Wǒ bù xiǎng qù, yàobù nǐ qù ba.

我们快点儿吧，要不迟到了。　우리 서두르자, 아니면 지각해.
Wǒmen kuài diǎnr ba, yàobù chídào le.

今天这么累，要不咱们出去吃吧。　오늘 이렇게 피곤한데, 아니면 우리 나가서 먹자.
Jīntiān zhème lèi, yàobù zánmen chūqù chī ba.

02 你去过丽江吗？

동작의 경험을 나타내는 동태조사 过

동태조사 过는 동사 뒤에 쓰여 과거의 경험을 나타내는 것으로 '~한 적이 있다'라고 해석된다. 부정할 때는 동사 앞에 没를 덧붙인다.

我以前学过汉语。　나는 이전에 중국어를 배운 적이 있다.
Wǒ yǐqián xuéguo Hànyǔ.

단어

快 kuài 형 빠르다　出去 chūqù 동 나가다

132

我去过中国，还没去过美国。　나는 중국에 가본 적은 있지만, 아직 미국에는 못 가 봤다.
Wǒ qùguo Zhōngguó, hái méi qùguo Měiguó.

我听说过他，但是没见过他。　나는 그에 대해 들어 본 적은 있지만, 그를 만난 적은 없다.
Wǒ tīngshuōguo tā, dànshì méi jiànguo tā.

03 如果有时间，我也想去。

가정을 나타내는 접속사 如果

如果는 '만일 ～이라면', '만약～하면'이라는 뜻으로 가정관계를 나타낼 때 사용한다. 뒤에 부사 就 또는 접속사 那(么)와 함께 사용되기도 한다.

如果你有很多钱，想做什么？　만약 돈이 많이 있다면 너는 뭐하고 싶어?
Rúguǒ nǐ yǒu hěn duō qián, xiǎng zuò shénme?

如果明天下雨，我就不去了。　만약 내일 비가 오면 나는 가지 않을 것이다.
Rúguǒ míngtiān xià yǔ, wǒ jiù bú qù le.

如果今天没时间，那周末见吧。　만약 오늘 시간이 없으면 주말에 만나자.
Rúguǒ jīntiān méi shíjiān, nà zhōumò jiàn ba.

 단어

美国 Měiguó 명 미국　见 jiàn 동 만나다　钱 qián 명 돈

01 발음을 연습해 보세요.

🎧 11-05

小公鸡，真漂亮，红红的鸡冠花花衣。

Xiǎo gōngjī, zhēn piàoliang, hónghóng de jīguān huāhuā yī.

早晨起来喔喔叫，告诉大家早早起！

Zǎochén qǐlái wōwō jiào, gàosu dàjiā zǎozǎo qǐ!

02 녹음을 듣고 본문의 내용과 맞으면 √를 틀리면 ×를 쓰시오.

🎧 11-06

회화 1

❶ 现在还没放假。 ( )

❷ 他们都不想去丽江。 ( )

❸ 明哲还没想好。 ( )

회화 2

❶ 丽丽去过丽江。 ( )

❷ 明哲想跟王平一起去丽江。 ( )

❸ 丽丽很期待去丽江旅游。 ( )

03 알맞은 문장을 적어 대화를 완성해 보세요.

❶ A 你放假有什么打算? B _____

❷ A 你想去哪儿旅游? B _____

❸ A 你去过中国吗? B _____ (过)

❹ A 如果有时间，你想做什么? B _____ (如果)

어울리는 문장을 찾아 연결해 보세요.

① 你们放假了吗?   ·   A 我也听说了。你想一起去吗?
② 听说他们要去丽江。   ·   B 看过，我经常看。
③ 周末你有什么打算?   ·   C 我还没想好。你呢?
④ 你看过中国电影吗?   ·   D 不去，我在家休息。
⑤ 如果明天下雨，你去不去? ·   E 还没有放假。

05
주어진 단어를 알맞은 순서로 배열하여 문장을 완성해 보세요.

① 有 打算 你 放假 什么   --
② 丽江 王平 想 去 旅游   --
③ 好 还没 想 我 去不去   --
④ 就 我们如果 一起 有时间 去吧 --
⑤ 都还 吃过 他们 没 中国菜   --

06
본문 회화를 참고하여 다음 주제에 맞게 대화해 보세요.

① 친구와 방학 또는 주말 계획에 대해 얘기해 보세요.
② 친구에게 함께 여행 갈 것을 제안해 보세요.

🔍 비행기 여행 관련 어휘

jīchǎng 机场 공항	fēijī 飞机 비행기	jīpiào 机票 비행기표
qiānzhèng 签证 비자(visa)	hùzhào 护照 여권	dēngjīpái 登机牌 탑승권
tuōyùn 托运 (짐을) 부치다	hòujītīng 候机厅 공항 대합실	miǎnshuìdiàn 免税店 면세점
dēngjīkǒu 登机口 탑승 게이트	jīngjìcāng 经济舱 이코노미석	shāngwùcāng 商务舱 비즈니스석
fēijīcān 飞机餐 기내식	qǐfēi 起飞 이륙하다	zhuólù 着陆 착륙하다

就是有点儿大。

단지 좀 커.

학습 목표

사물이나 상황에 대한 평가 및 아쉬운 점을 말할 수 있다.

기본 표현

去咖啡厅坐了一会儿。

价格不太贵，而且颜色也不错。

就是有点儿大。

단어 ❶

- **音乐剧** yīnyuèjù 명 뮤지컬
- **咖啡厅** kāfēitīng 명 카페, 커피숍
- **坐** zuò 통 앉다
- **一会儿** yíhuìr 수량 잠시, 잠깐 동안

🖋 **한자 쓰기 연습장**

단어❶ 쓰기

✓ 모르는 단어는 체크하고 다시 외워 보세요!

- ☐ 뮤지컬 _____
- ☐ 카페, 커피숍 _____
- ☐ 앉다 _____
- ☐ 잠시, 잠깐 동안 _____

독해 ❶

昨天我和明哲一起去看了音乐剧。

Zuótiān wǒ hé Míngzhé yìqǐ qù kànle yīnyuèjù.

看完音乐剧，我们还去咖啡厅坐了一会儿。

Kànwán yīnyuèjù,　wǒmen hái qù kāfēitīng zuòle yíhuìr.

독해❶
쓰기

어제 나는 명철과 함께 뮤지컬을 보러 갔다. 뮤지컬을 다 보고 우리는 또 카페에 가서 잠깐
앉아 있었다.

단어 ❷

- **百货商店** bǎihuò shāngdiàn 명 백화점
- **条** tiáo 양 벌(바지를 세는 단위)
- **牛仔裤** niúzǎikù 명 청바지
- **价格** jiàgé 명 가격

- **而且** érqiě 접 게다가, 또한
- **就是** jiù shì 단지(다만) ~이다
- **大** dà 형 크다

✏️ 한자 쓰기 연습장

단어 ❷ 쓰기

☑️ 모르는 단어는 체크하고 다시 외워 보세요!

- ☐ 백화점
- ☐ 벌(바지를 세는 단위)
- ☐ 청바지
- ☐ 가격

- ☐ 게다가, 또한
- ☐ 단지(다만) ~이다
- ☐ 크다

昨天我去百货商店买了一条牛仔裤。
Zuótiān wǒ qù bǎihuò shāngdiàn mǎile yì tiáo niúzǎikù.

牛仔裤价格不太贵，而且颜色也不错，就是有点儿大。
Niúzǎikù jiàgé bú tài guì,　　érqiě yánsè yě búcuò,　　jiù shì yǒudiǎnr dà.

독해 ❷
쓰기

어제 나는 백화점에 가서 청바지를 한 벌 샀다. 청바지는 가격이 그리 비싸지 않고 색상도 좋은데 단지 좀 크다.

01 我们还去咖啡厅坐了一会儿。

시량보어 一会儿

一会儿은 '동사/형용사+一会儿'의 형태로 쓰여 어떤 동작이나 상태가 '잠시(동안)', '잠깐' 지속됨을 나타낸다.

请等一会儿。　　잠시만 기다려주세요.
Qǐng děng yíhuìr.

我先睡一会儿再去。　　나 잠깐 자고 갈게.
Wǒ xiān shuì yíhuìr zài qù.

早上热了一会儿，现在又下雨了。　　아침에 잠깐 더웠다가 지금은 또 비가 온다.
Zǎoshang rèle yíhuìr, xiànzài yòu xià yǔ le.

또한 一会儿을 동사나 형용사 앞에 사용하면 '곧', '잠시 후에', '좀 이따가'의 뜻으로 잠시 뒤에 어떤 동작이나 상태가 곧 발생할 것을 나타낸다.

一会儿见。　　잠시 후에 봐.
Yíhuìr jiàn.

我一会儿回来。　　나 곧 돌아올게.
Wǒ yíhuìr huílái.

我现在很忙，一会儿再说。　　나 지금 바빠. 좀 이따가 다시 얘기해.
Wǒ xiànzài hěn máng, yíhuìr zài shuō.

단어

又 yòu 부또　　回来 huílái 동돌아오다　　再 zài 부다시, 재차

02　价格不太贵，而且颜色也不错。

접속사 而且

而且는 점층관계의 접속사로 '게다가', '~뿐만 아니라'라는 뜻으로 정도나 범위가 점차 증가하는 추세를 표현한다.

他是我的老师，而且也是我的朋友。　그는 나의 선생님이자 나의 친구이기도 하다.
Tā shì wǒ de lǎoshī, érqiě yě shì wǒ de péngyou.

这儿的价格很便宜，而且东西也很好。　이곳의 가격은 저렴하고, 게다가 물건도 좋다.
Zhèr de jiàgé hěn piányi, érqiě dōngxi yě hěn hǎo.

03　就是有点儿大。

아쉬운 부분을 나타내는 표현 就是

부사 就는 是와 함께 쓰여 '단지(다만) ~이다'라는 뜻을 나타낸다. 앞에는 비교적 긍정적인 내용을 언급하고, 就是 뒤에는 앞 상황에 대해 아쉽거나 부정적인 면을 나타낼 때 사용한다.

这个房子很舒服，就是有点儿小。　이 집은 참 편한데 다만 조금 작아.
Zhège fángzi hěn shūfu, jiù shì yǒudiǎnr xiǎo.

星巴克的咖啡很好喝，就是有点儿贵。　스타벅스 커피는 참 맛있는데 단지 좀 비싸.
Xīngbākè de kāfēi hěn hǎo hē, jiù shì yǒudiǎnr guì.

단어

便宜 piányi 휑 싸다, 저렴하다　**房子 fángzi** 圐 집　**小 xiǎo** 휑 작다　**好喝 hǎo hē** (음료수 따위가) 맛있다

연습문제

01 발음을 연습해 보세요. 🎧 12-05

大门开开进不来，二门开开进不来。
Dàmén kāikai jìn bu lái, èr mén kāikai jìn bu lái.

三门开开进不来，四门开开进不来。
Sān mén kāikai jìn bu lái, sì mén kāikai jìn bu lái.

02 녹음을 듣고 본문의 내용과 맞으면 √를 틀리면 x를 쓰시오. 🎧 12-06

독해 1

❶ 他们想一起去看音乐剧。 （ ）
❷ 看完音乐剧，他们一起吃饭了。 （ ）
❸ 他们去咖啡厅坐了一会儿。 （ ）

독해 2

❶ 今天我去了百货商店。 （ ）
❷ 昨天我买了一条牛仔裤。 （ ）
❸ 牛仔裤不大不小，很不错。 （ ）

03 알맞은 문장을 적어 대화를 완성해 보세요.

❶ A 你看过音乐剧吗? B ....
❷ A 这条牛仔裤怎么样? B .... (而且)
❸ A 那种颜色好看吗? B .... (就是)
❹ A 昨天你去哪儿了? B .... (一会儿)

04 어울리는 문장을 찾아 연결해 보세요.

❶ 明天你去不去商店?　　·

❷ 昨晚你去哪儿了?　　·

❸ 那条牛仔裤贵吗?　　·

❹ 这个颜色你喜欢吗?　　·

❺ 你跟谁一起去看音乐剧?·

A 不太贵，你买吧。

B 不太喜欢，颜色有点儿深。

C 不去，我要去银行。

D 跟明哲一起去看。

E 去丽丽的宿舍坐了一会儿。

05 주어진 단어를 알맞은 순서로 배열하여 문장을 완성해 보세요.

❶ 一起　音乐剧　去看　我们要

❷ 买了　昨天　他　牛仔裤　一条

❸ 朋友　我家　来　一会儿　坐了

❹ 看完　吃饭了　我们　电影　去

❺ 就是　大　有点儿　这件　衣服

06 보기에서 빈칸에 들어갈 알맞은 단어를 찾아 써 보세요.

보기　　音乐剧　一会儿　条　颜色　就是

❶ 这件衣服(　　)也不错，(　　)有点儿大。

❷ 昨天我去了商店，买了一(　　)牛仔裤。

❸ 丽丽和明哲要去看中文(　　)。

❹ 吃完饭，我们去咖啡厅坐了(　　)。

플러스 표현

❶ 패션 관련 어휘

zhèngzhuāng **正装** 정장	chènshān **衬衫** 셔츠	kùzi **裤子** 바지
qúnzi **裙子** 치마	máoyī **毛衣** 스웨터	liányīqún **连衣裙** 원피스
fēngyī **风衣** 트렌치 코트	dàyī **大衣** 코트	wèiyī **卫衣** 맨투맨
T xù **T恤** 티셔츠	kāishān **开衫** 카디건	màozi **帽子** 모자
yùndòngxié **运动鞋** 운동화	wéijīn **围巾** 스카프	yāodài **腰带** 벨트

연습문제 정답

01 你最近在忙什么?

P20

01 (생략)

02 회화❶ ①✗ ②✓ ③✗

회화❷ ①✓ ②✗ ③✗

03 예시

①B 好久不见!

②B 我在打工。

③B 我今天太累了。

④B 很忙。/ 太忙了。

不太忙。/ 不忙。

04 ①E ②C ③A ④D ⑤B

05 ①我最近也在打工。

最近我也在打工。

②今天妈妈的脸色不太好。

③你也要好好儿休息。

④他们每天都很忙。

每天他们都很忙。

⑤你别太累了。

06 예시

①A 你好! 好久不见!

B 好久不见! 你最近在忙什么?

A 我每天都在打工,很忙。你呢?

B 我最近学习很忙。

②A 今天你的脸色不太好。

B 最近我太忙,太累了。

A 你要好好儿休息,别太累了。

B 嗯,你也好好儿休息。

02 你喜欢哪个季节?

P30

01 (생략)

02 회화❶ ①✗ ②✓ ③✗

회화❷ ①✗ ②✓ ③✗

03 예시

①B 我喜欢春天/夏天/秋天/冬天。

②B 因为秋天很凉快。

③B 我喜欢下雪天。

我不太喜欢下雪天。

④B 春天不冷也不热。

04 ①C ②E ③A ④B ⑤D

05 ①今年夏天怎么这么热?

②你喜欢哪个季节?

③我很喜欢下雪天。

④春天不冷也不热。

⑤春天和秋天也都不错。

06 예시

①A 你喜欢哪个季节?

B 我喜欢冬天,因为我喜欢看雪。你呢?

A 我喜欢秋天,因为不冷也不热。

B 嗯,秋天也不错。

②A 今年夏天怎么这么热?

B 是啊,还是秋天好,不冷也不热。

A 春天也不错,很暖和。

B 冬天太冷,但是可以看雪,也不错。

· 暖和 nuǎnhuo 혱 따뜻하다

147

연습문제 정답

03 买了一点儿水果。

P42

01 (생략)

02 회화❶ ①√ ②√ ③✕

　　회화❷ ①√ ②✕ ③✕

03 예시

　　①B 我昨天去超市了。

　　　 我昨天去买东西了。

　　②B 最近东西好贵啊。

　　③B 我去超市买东西。

　　④B 我要买牙膏、洗发水什么的。

04 ①C ②A ③D ④E ⑤B

05 ①今天我去超市买水果。

　　　 我今天去超市买水果。

　　②一起去逛超市吧。

　　③我买一点儿生活用品。

　　④最近超市的东西太贵了。

　　⑤我想买洗发水什么的。

06 예시

　　①A 你去哪儿了？

　　　B 我去超市了。

　　　A 你买什么了？

　　　B 我买了一点吃的和生活用品。

　　　　最近东西好贵啊！

　　②A 明天你做什么？要不要去逛超市？

　　　B 好啊，你要买什么？

　　　A 我要买一点儿水果，你呢？

　　　B 我想买一点儿生活用品。

04 你想吃中国菜还是韩国菜？

P52

01 (생략)

02 회화❶ ①✕ ②✕ ③√

　　회화❷ ①√ ②✕ ③√

03 예시

　　①B 我想吃辛奇汤 / 中国菜 / 韩国菜。

　　②B 我喜欢吃中国菜 / 韩国菜。

　　③B 晚上都有时间。

　　　 晚上八点有时间。

　　　 今天晚上没有时间，明天有时间。

　　④B 今天我请朋友吃饭。

04 ①D ②E ③A ④B ⑤C

05 ①周末大家一起吃饭。

　　　 大家周末一起吃饭。

　　②明天我请朋友喝咖啡。

　　③他们想吃中餐还是韩餐？

　　　 他们想吃韩餐还是中餐？

　　④我们晚上都有时间。

　　　 晚上我们都有时间。

　　⑤今天她也一起去超市。

　　　 她今天也一起去超市。

06 예시

　　①A 你什么时候有时间？

　　　　咱们一起吃个饭吧。

　　　B 好啊，我晚上都有时间。

　　　A 那明天晚上吧，我请你吃中国菜。

　　　B 太好了。

　　②A 你喜欢吃什么菜？

　　　B 我都行。

　　　A 那你想吃中国菜还是韩国菜？

　　　B 今天就吃韩国菜吧。

05 您还要别的吗?

P64

01 (생략)

02 **회화❶** ① √ ② X ③ √

　　회화❷ ① X ② X ③ √

03 **예시**

　① B 我很饿，因为我没吃早饭。

　　　我不饿，因为我吃早饭了。

　② B 今天老师请客。

　③ B 来两盘饺子。

　④ B 六十五块三(毛)。

04 ① E ② C ③ A ④ B ⑤ D

05 ① 你的朋友想吃什么?

　② 我今天没吃早饭。

　　　今天我没吃早饭。

　③ 吃完饭，去图书馆吧。

　④ 两盘饺子一共多少钱?

　⑤ 你们还要别的吗?

06 **예시**

　① A 今天我请客，你随便吃。

　　　B 真的啊? 太好了。

　　　A 这儿的饺子很不错，你要吗?

　　　B 好啊，先来两盘吧。

　　　　　我早上没吃饭，现在好饿啊!

　② A 服务员，来两盘饺子，一碗牛肉面。

　　　B 好的，您还要别的吗?

　　　A 还要两瓶可乐。一共多少钱?

　　　B 一百二十块。

　　　· 碗 wǎn 양 그릇(그릇에 담긴 물건을 세는 단위)

　　　　　· 牛肉面 niúròumiàn 명 쇠고기면

06 今天比昨天还热。

P76

01 (생략)

02 **독해❶** ① X ② √ ③ √

　　독해❷ ① √ ② √ ③ X

03 **예시**

　① B 今天比昨天热。

　② B 天气预报说明天会下雨。

　③ B 我想先去超市，再去书店。

　④ B 妈妈在看着电视。

04 ① B ② D ③ A ④ C ⑤ E

05 ① 今天的天气比昨天还热。

　② 我们先吃饭，再喝咖啡。

　③ 我打算跟他一起去看电影。

　④ 天气预报说周末有雨。

　⑤ 他在咖啡厅喝着咖啡。

04 ① 着

　② 知道

　③ 凉快

　④ 打算, 本

연습문제 정답

07 请问，这件衣服有浅色的吗?

P88

01 (생략)

02 회화❶   ① √   ② ✕   ③ √

회화❷   ① ✕   ② √   ③ ✕

03 예시

① B (那件衣服)挺不错的/挺好看的。

(那件衣服)挺适合你的。

② B (颜色)很好看。

(颜色)不太好看。

(颜色)太深了/太浅了。

③ B 有，有白色和卡其色的。

没有浅色的，有深色的。

④ B 我最喜欢白色/卡其色/深色/浅色。

04 ① D   ② E   ③ A   ④ B   ⑤ C

05 ① 这件衣服挺不错的。

② 那个颜色不好看。

③ 我没有浅色的衣服。

④ 他想试试卡其色的衣服。

⑤ 我现在去拿衣服。

现在我去拿衣服。

06 예시

① A 你最喜欢什么颜色?

B 我最喜欢卡其色。你呢?

A 我不太喜欢深色，喜欢浅色。

B 那你喜欢白色吗?

A 嗯，我很喜欢。

② A 这件衣服颜色怎么样?

B 有点儿浅，你适合深色的。

A 那我看看深色的。你想买什么颜色的?

B 我想买卡其色的衣服。

08 请问，去银行怎么走?

P100

01 (생략)

02 회화❶   ① √   ② ✕   ③ ✕

회화❷   ① √   ② √   ③ ✕

03 예시

① B (邮局)在医院旁边。

(邮局)在银行旁边。

② B 一直往前走就是(银行)。

③ B 我家离学校不太远。

我家离学校很远。

④ B (从我家到学校)

三十分钟 / 十五分钟 / 一个小时。

04 ① D   ② A   ③ E   ④ B   ⑤ C

05 ① 我知道邮局在哪儿。

② 银行离宿舍远不远?

③ 图书馆旁边就是邮局。

邮局旁边就是图书馆。

④ 一直往前走就是我家。

⑤ 我们走10分钟就能到。

06 예시

① A 请问，去邮局怎么走?

B 一直往前走就是。

A 离这儿远吗?

B 不太远，走10分钟就能到。

② A 我们学校附近有银行吗?

B 有啊，你不知道吗?

A 嗯，不知道。离我们学校近不近?

B 很近，走5分钟就能到。

09 你是不是感冒了?

P112

01 (생략)

02 회화❶ ①✓ ②✕ ③✓

　　회화❷ ①✕ ②✓ ③✕

03 예시

　　①B 我头有点儿疼，没有力气。

　　②B 是啊，好像是。

　　　　好像是感冒了。

　　③B 现在好多了。

　　④A 你是不是没休息好?

04 ①C ②E ③B ④A ⑤D

05 ①今天我有点儿不舒服。

　　　我今天有点儿不舒服。

　　②现在还是没有力气。

　　③爸爸最近好像经常熬夜。

　　　最近爸爸好像经常熬夜。

　　④昨天你是不是没消息好?

　　⑤最近妈妈的身体好多了。

06 예시

　　①A 你哪儿不舒服?

　　　B 我很累，头疼。

　　　A 你是不是感冒了?

　　　B 好像是，我现在就回家。

　　②A 你怎么没有力气?

　　　B 我非常累。

　　　A 你是不是没休息好?

　　　B 嗯，最近经常熬夜。

10 你考得怎么样?

P124

01 (생략)

02 회화❶ ①✕ ②✓ ③✕

　　회화❷ ①✕ ②✕ ③✓

03 예시

　　①B 我起晚了。

　　②B 没关系，下次努力。

　　③B 我昨天十二点才睡。

　　④B 考得很好。

　　　　考得不太好。

　　　　考砸了。

04 ①C ②A ③E ④B ⑤D

05 ①你今天怎么迟到了?

　　　今天你怎么迟到了?

　　②我昨天考得不好。

　　　昨天我考得不好。

　　③我八点才吃晚饭。

　　④咱们去喝杯咖啡吧。

　　⑤谢谢你经常鼓励我。

06 예시

　　①A 你怎么迟到了?

　　　B 昨天睡晚了。

　　　A 为什么?

　　　B 今天有考试，熬夜了。

　　②A 你今天考得怎么样?

　　　B 不好，考砸了。

　　　A 没关系，下次努力吧。

　　　B 谢谢你的鼓励。

연습문제 정답

11 放假你有什么打算?

P134

01 (생략)

02 회화❶ ①✓ ②✕ ③✓

　　 회화❷ ①✕ ②✓ ③✓

03 예시

　① B 我想打工。

　　　 我想学习汉语。

　　　 我想去中国旅游。

　② B 我想去丽江旅游。

　　　 我想去中国旅游。

　③ B 我去过中国。

　　　 我没去过中国。

　④ B 如果有时间，我想去旅游。

　　　 如果有时间，我想去超市逛逛。

04 ①E ②A ③C ④B ⑤D

05 ① 放假你有什么打算?

　　　 你放假有什么打算?

　② 王平想去丽江旅游。

　③ 我还没想好去不去。

　④ 我们如果有时间就一起去吧。

　⑤ 他们都还没吃过中国菜。

06 예시

　① A 周末你打算做什么?

　　 B 不做什么，就在家。你呢?

　　 A 我想去图书馆看书。

　　 B 你真喜欢学习啊!

　② A 你们周末去哪儿?

　　 B 我们想去看海。你呢?

　　 A 我也想去看海。

　　 B 那我们一起去吧!

　　　　　　　　　　· 海 hǎi 명 바다

12 就是有点儿大。

P144

01 (생략)

02 회화❶ ①✕ ②✕ ③✓

　　 회화❷ ①✕ ②✓ ③✕

03 예시

　① B 我看过(音乐剧)。

　　　 我没看过(音乐剧)。

　② B 很好看，而且很适合你。

　　　 颜色很好，而且也不贵。

　③ B 颜色很好看，就是有点儿大。

　　　 颜色很不错，就是有点儿贵。

　④ B 我去咖啡厅坐了一会儿。

　　　 我去朋友家坐了一会儿。

04 ①C ②E ③A ④B ⑤D

05 ① 我们要一起去看音乐剧。

　② 昨天他买了一条牛仔裤。

　　　 他昨天买了一条牛仔裤。

　③ 朋友来我家坐了一会儿。

　④ 我们看完电影去吃饭了。

　⑤ 这件衣服就是有点儿大。

05 ① 颜色，就是

　② 条

　③ 音乐剧

　④ 一会儿

주요 어법 및 표현

01 你最近在忙什么?

在	[在+동사] ~하고 있다, ~하는 중이다 爸爸在看电视，妈妈在做饭，我在学习。 Bàba zài kàn diànshì, māma zài zuò fàn, wǒ zài xuéxí. 아빠는 TV를 보고 계시고, 엄마는 밥을 하고 계시고, 나는 공부하고 있다.
太……了	너무 ~하다 你的汉语太好了。 너 중국어 너무 잘 한다. Nǐ de Hànyǔ tài hǎo le.
不太……	그다지 ~하지는 않다 我最近不太忙。 나 요즘 별로 바쁘지 않아. Wǒ zuìjìn bú tài máng.
要	[要+동사] ~해야 한다, ~할 필요가 있다 学生要好好儿学习。 학생은 열심히 공부해야 한다. Xuésheng yào hǎohāor xuéxí.

02 你喜欢哪个季节?

因为	[因为……，所以……] ~하기 때문에, (그래서) ~하다 因为工作很忙，所以每天都很累。 Yīnwèi gōngzuò hěn máng, suǒyǐ měi tiān dōu hěn lèi. 일이 바쁘니까 매일 너무 피곤해.
怎么这么……	어쩜 이렇게, 왜 이렇게 你的汉语怎么这么好啊！ 너는 중국어를 어쩜 이렇게 잘 하니! Nǐ de Hànyǔ zěnme zhème hǎo a!
还是①	역시, 그래도 (비교를 통한 선택) 还是你最好！ 역시 네가 최고야! Háishi nǐ zuì hǎo!

주요 어법 및 표현

了①	[동사+了+목적어] 동작의 완료와 실현을 나타냄
	我昨天买了一本书。 나는 어제 책을 한 권 샀다. Wǒ zuótiān mǎile yì běn shū.
好	(정도부사) 아주, 정말로
	今天好累啊。 오늘 아주 피곤하다. Jīntiān hǎo lèi a.
연동문	동일한 하나의 주어에 동사가 두 개 이상 연달아 나타나는 문장
	我去医院看病。 나는 병원에 진찰을 받으러 간다. Wǒ qù yīyuàn kànbìng.
什么的	사람이나 사물 등 대상을 나열하되, 아직 더 대상이 남아있다는 것을 나타냄
	我们饭馆儿有大酱汤、辛奇汤什么的。 Wǒmen fànguǎnr yǒu dàjiàng tāng, xīnqí tāng shénmede. 우리 식당에는 된장찌개, 김치찌개 등등이 있다.

겸어문	한 문장 안에 동사가 두 개 나오는데, 첫 번째 동사의 목적어가 두 번째 동사의 주어를 겸하는 문장
	我请你看电影，你请我吃饭吧。 내가 너 영화 보여줄게, 너는 내게 밥을 사. Wǒ qǐng nǐ kàn diànyǐng, nǐ qǐng wǒ chī fàn ba.
请	[请+동사] ~(해) 주세요, 부탁해요
	请喝茶。 차 드세요. Qǐng hē chá.
还是②	[A还是B?] A 아니면/또는 B?
	你喜欢首尔还是釜山? 너는 서울이 좋니? 아니면 부산이 좋니? Nǐ xǐhuan Shǒu'ěr háishi Fǔshān?

完	[동사+完] 동작이 완료되었거나 이미 끝났음을 나타냄
	我做完了今天的工作。 나는 오늘 일을 다 마쳤다. Wǒ zuòwánle jīntiān de gōngzuò.
来/要	음식을 주문할 때 쓰는 표현
	我要这个，还来三个那个。 이거 주시고, 또 저거 세 개 주세요. Wǒ yào zhège, hái lái sān ge nàge.
多少	얼마, 몇(주로 10 이상의 수량을 물을 때 사용)
	你们班有多少个学生? 너의 반에 학생이 몇 명 있니? Nǐmen bān yǒu duōshao ge xuésheng?
중국 화폐 읽는 법	54.73块(元)
	五十四块(元)七毛(角)三分 wǔshísì kuài(yuan) qī máo(jiǎo) sān fēn

比	[A+比+B+(还/更)+형용사] A는 B보다 (더) ～하다
	[A+没有+B+형용사] A는 B보다 ～하지 못하다
	我妈妈比我更漂亮。 우리 엄마는 나보다 더 예뻐. Wǒ māma bǐ wǒ gèng piàoliang.
	我90分，他100分，我的成绩没有他好。 Wǒ jiǔshí fēn, tā yìbǎi fēn, wǒ de chéngjì méiyǒu tā hǎo. 나는 90점, 그는 100점, 내 성적은 그보다 좋지 못하다.
着	[동사+着] ～하고 있다, ～한 채로 있다
	大家都等着你。 모두들 너를 기다리고 있어. Dàjiā dōu děngzhe nǐ.
着 vs 在	[在+동사] ～하고 있다(동작의 진행)
	[동사+着] ～한 채로 있다(동작이나 상태의 지속)

주요 어법 및 표현

会	[会+동사] ~할 것이다(추측)
	明天会下雨吗? 내일 비가 올까? Míngtiān huì xià yǔ ma?
打算	~하려고 하다, ~할 계획이다
	我打算今年冬天去中国。 나는 올해 겨울에 중국에 갈 계획이다. Wǒ dǎsuàn jīnnián dōngtiān qù Zhōngguó.
先……再……	먼저 ~하고, 그 다음에 ~하다
	我们先看电影，再去吃饭。 우리는 먼저 영화 보고 그 다음에 밥 먹으러 간다. Wǒmen xiān kàn diànyǐng, zài qù chī fàn.

挺	[挺……(的)] 꽤나/제법 ~하다
	他学习挺努力的。 그는 공부를 꽤 열심히 한다. Tā xuéxí tǐng nǔlì de.
的	[명/동/형+的+명사] ~의 ~, ~한 ~
	我的衣服 나의 옷　　　　漂亮的衣服 예쁜 옷 wǒ de yīfu　　　　　　piàoliang de yīfu
	的 뒤에 나오는 명사가 이미 앞서 나왔거나 또는 말하는 사람이나 듣는 사람 모두 알고 있는 경우에는 的 뒤의 명사를 생략하기도 함
	我的是好的，他的是不好的。 내 것은 좋은 것이고, 그의 것은 안 좋은 것이다. Wǒ de shì hǎo de, tā de shì bù hǎo de.
可以	[可以+동사] ① ~해도 된다(허락) ② ~할 수 있다(가능)
	可以进去吗? 들어가도 되나요? (허락) Kěyǐ jìnqù ma?
	我明天可以去。 나 내일 갈 수 있어. (가능) Wǒ míngtiān kěyǐ qù.
동사 중첩	한번/좀 ~해 보다, 잠깐 ~하다
	你尝尝这个菜。 이 요리 한번 먹어봐. Nǐ chángchang zhège cài.

156

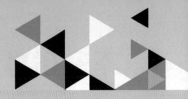

离	[离+장소/공간] ~에서
	公司离我家很近。 회사는 우리 집에서 가깝디. Gōngsī lí wǒ jiā hěn jìn.
	[离+시간/기간] ~까지
	离下课还有10分钟。 수업 마칠 때까지 아직 10분 남았다. Lí xiàkè hái yǒu shí fēnzhōng.
往	[往+방향/장소] ~쪽으로
	同学们，往前看。 학생 여러분, 앞쪽으로 보세요. Tóngxuémen, wǎng qián kàn.
시량보어	동사 뒤에 위치하여 동작의 지속 시간을 나타내는 말
	我们休息十分钟吧。 우리 10분 쉬자. Wǒmen xiūxi shí fēnzhōng ba.
能	[能+동사] ~할 수 있다
	我能吃辣的。 나는 매운 걸 먹을 수 있어. Wǒ néng chī là de.
길 묻기 표현	[(去)……怎么走?] ~에 (가려면) 어떻게 가나요?
	请问，去火车站怎么走? 실례지만 기차역에 가려면 어떻게 가나요? Qǐngwèn, qù huǒchē zhàn zěnme zǒu?

주요 어법 및 표현

09 你是不是感冒了?

是不是……?	~인 거 아니야?, ~인 거 맞지? (강한 추측 표현 / 사실 확인)
	你今天是不是很累? 너 오늘 많이 피곤하지? Nǐ jīntiān shì bu shì hěn lèi?
好像	마치 ~같다
	家里好像没有人。 집에 사람이 없는 것 같다. Jiāli hǎoxiàng méiyǒu rén.
多	[동사/형용사 + 多] 많이 ~하다(이전 상황과 차이가 큼)
	东西比去年贵多了。 물건이 작년보다 많이 비싸졌다. Dōngxi bǐ qùnián guìduō le.
好	[동사+好] 잘 ~하다, 다 ~하다(동작이 잘 마무리됨)
	同学们，准备好了吗? 학생 여러분, 준비 다 되었나요? Tóngxuémen, zhǔnbèi hǎo le ma?
了②	[문장+了] 상태의 변화나 새로운 상황의 출현을 나타냄
	天黑了，回家吧。 날이 어두워졌어, 집에 가자. Tiān hēi le, huí jiā ba.

10 你考得怎么样?

怎么	왜, 어째서
	你怎么在这儿? 너가 왜 여기에 있어? Nǐ zěnme zài zhèr?
晚	[동사+晚] 동작의 결과가 예상보다 늦음을 나타냄
	对不起，我来晚了。 미안해요, 제가 늦었어요. Duìbuqǐ, wǒ láiwǎn le.
砸	[동사+砸] 어떤 동작을 잘 하지 못했거나 실패했음을 나타냄
	这件事办砸了。 이 일은 망쳤다. Zhè jiàn shì bànzá le.

才	[시간/나이+才] ~에야 (비로소)
	我今天10点才起床。 나는 오늘 10시에야 기상했다. Wǒ jīntiān shí diǎn cái qǐchuáng.

정도보어	[동사/형용사+得+정도보어] ~하는 정도가 ~하다
	我们昨天玩儿得很高兴。 우리는 어제 즐겁게 놀았다. Wǒmen zuótiān wánr de hěn gāoxìng.
	[(동사)+목적어+동사+得+정도보어] ~하는 정도가 ~하다
	她(说)汉语说得很好。 그녀는 중국어를 잘 한다. Tā (shuō) Hànyǔ shuō de hěn hǎo.

11 放假你有什么打算?

要不	그렇지 않으면, 아니면
	我不想去，要不你去吧。 나는 안 가고 싶은데, 아니면 네가 가. Wǒ bù xiǎng qù, yàobù nǐ qù ba.

过	[동사+过] ~한 적이 있다
	我以前学过汉语。 나는 이전에 중국어를 배운 적이 있다. Wǒ yǐqián xuéguo Hànyǔ.

如果	만일 ~이라면, 만약 ~하면 (뒤에 부사 就 또는 접속사 那(么)와 함께 사용되기도 함)
	如果明天下雨，我就不去了。 만약 내일 비가 오면 나는 가지 않을 것이다. Rúguǒ míngtiān xià yǔ, wǒ jiù bú qù le.
	如果今天没时间，那周末见吧。 만약 오늘 시간이 없으면 주말에 만나자. Rúguǒ jīntiān méi shíjiān, nà zhōumò jiàn ba.

주요 어법 및 표현

12 就是有点儿大。

一会儿	[동사/형용사+**一会儿**] 잠시/삼깐 ~하다
	我先睡**一会儿**再去。 니 잠깐 자고 갈게. Wǒ xiān shuì yíhuìr zài qù.
	[**一会儿**+동사/형용사] 곧, 잠시 후에, 좀 이따가
	我**一会儿**回来。 나 곧 돌아올 게. Wǒ yíhuìr huílái.
而且	게다가, ~뿐만 아니라
	他是我的老师，**而且**也是我的朋友。 Tā shì wǒ de lǎoshī, érqiě yě shì wǒ de péngyou. 그는 나의 선생님이자 나의 친구이기도 하다.
就是	단지(다만) ~이다
	这个房子很舒服，就是有点儿小。 이 집은 참 편한데 다만 조금 작아. Zhège fángzi hěn shūfu, jiù shì yǒudiǎnr xiǎo.

你最近在忙什么?

요즘 뭐 하느라 바빠?

간체자 따라 쓰기

好久 hǎojiǔ 아주 오래되다				好 好 好 好 好 好 久 久 久	
	好久 hǎojiǔ	好久 hǎojiǔ			

在 zài ~하고 있다, ~하는 중이다				在 在 在 在 在 在	
	在 zài	在 zài			

打工 dǎgōng 아르바이트하다				打 打 打 打 打 工 工 工	
	打工 dǎgōng	打工 dǎgōng			

脸色 liǎnsè 안색, 혈색				脸 脸 脸 脸 脸 脸 脸 脸 脸 脸 脸 色 色 色 色 色 色	
	脸色 liǎnsè	脸色 liǎnsè			

要 yào ~해야 한다			要要要要要要要要要		
	要 yào	要 yào			

好好儿 hǎohāor 충분히, 잘			好 好 好 好 好 好 儿 儿		
	好好儿 hǎohāor	好好儿 hǎohāor			

休息 xiūxi 휴식하다			休 休 休 休 休 休 息 息 息 息 息 息 息 息 息 息		
	休息 xiūxi	休息 xiūxi			

别 bié ~하지 마라			别 别 别 别 别 别 别		
	别 bié	别 bié			

01 你最近在忙什么？

요즘 뭐 하느라 바빠?

듣고 따라 쓰기

회화 1

🔊 W01-01

A 明哲，好久不见！

B 好久不见！你最近在忙什么？

A 我在打工，你呢？

B 我也在打工，每天都很忙。

회화 2

🔊 W01-02

A 丽丽，你的脸色不太好。

B 是啊，最近我太累了！

A 你要好好儿休息，别太累了。

B 嗯，你也是。

알맞은 한자 찾아 쓰기

| 보기 | 好 最 脸 在 久 都 别 息 |

① 好(　　　)不见，你(　　　)忙什么?

② 我(　　　)近每天(　　　)很忙。

③ 你要(　　　)好儿休(　　　)。

④ 你(　　　)色不好，(　　　)太累了。

한국어로 써 보기

① 妈妈的脸色不太好。　------------------------------

② 他最近每天都在打工吗?　------------------------------

③ 昨天他太累了，我不累。　------------------------------

④ 我们都要好好儿休息。　------------------------------

중국어로 써 보기

① 요즘 뭐 하느라 바빠?　------------------------------

② 나도 아르바이트하고 있어.　------------------------------

③ 너 안색이 별로 안 좋아.　------------------------------

④ 너 푹 쉬어야 해.　------------------------------

4

你喜欢哪个季节?
너는 어느 계절을 좋아하니?

간체자 따라 쓰기

季节 jìjié 계절			季季季季季季季季 节节节节节	
	季节 jìjié	季节 jìjié		

春天 chūntiān 봄			春春春春春春春春春 天天天天	
	春天 chūntiān	春天 chūntiān		

夏天 xiàtiān 여름			夏夏夏夏夏夏夏夏夏夏 天天天天	
	夏天 xiàtiān	夏天 xiàtiān		

秋天 qiūtiān 가을			秋秋秋秋秋秋秋秋秋 天天天天	
	秋天 qiūtiān	秋天 qiūtiān		

冬天 dōngtiān 겨울			冬 冬 冬 冬 冬 天 天 天 天		
	冬天 dōngtiān	冬天 dōngtiān			

因为 yīnwèi 왜냐하면, ~때문에			因 因 因 因 因 因 为 为 为 为		
	因为 yīnwèi	因为 yīnwèi			

下雪 xià xuě 눈이 내리다(오다)			下 下 下 雪 雪 雪 雪 雪 雪 雪 雪 雪 雪 雪		
	下雪 xià xuě	下雪 xià xuě			

凉快 liángkuai 선선하다, 시원하다			凉 凉 凉 凉 凉 凉 凉 凉 凉 凉 快 快 快 快 快 快 快		
	凉快 liángkuai	凉快 liángkuai			

02 你喜欢哪个季节?

너는 어느 계절을 좋아하니?

듣고 따라 쓰기

회화 1 　　　　　　　　　　　　　　🎧 W02-01

A 王平，你喜欢哪个季节？

B 我喜欢冬天，因为我很喜欢下雪天。

A 我不太喜欢冬天，因为很冷。

회화 2 　　　　　　　　　　　　　　🎧 W02-02

A 今年夏天怎么这么热？

B 还是春天好，不冷也不热。

A 秋天也不错，很凉快。

알맞은 한자 찾아 쓰기

보기   怎　春　夏　冷　快　为　季　还

❶ 我不喜欢(　　　)天，因(　　　)很热。

❷ 一年有四个(　　　)节，我最喜欢(　　　)天！

❸ 这儿(　　　)么这么(　　　)啊，我想回家。

❹ (　　　)是秋天好，很凉(　　　)。

한국어로 써 보기

❶ 我喜欢的季节是春天。 ------------------------------------

❷ 我明天不去济州岛，因为下雪。 ------------------------------------

❸ 今年冬天怎么这么冷？ ------------------------------------

❹ 秋天不冷也不热，我很喜欢这个季节。 ------------------------------------

· 济州岛 Jìzhōudǎo 제주도

중국어로 써 보기

❶ 나는 겨울을 별로 좋아하지 않아. ------------------------------------

❷ 너무 춥잖아. ------------------------------------

❸ 올해 여름은 왜 이렇게 덥지? ------------------------------------

❹ 춥지도 덥지도 않아. ------------------------------------

买了一点儿水果。
과일 조금 샀어.

간체자 따라 쓰기

超市 chāoshì 슈퍼마켓	超 超 超 超 超 超 超 超 超 超 超 超 市 市 市 市 市			
	超市 chāoshì	超市 chāoshì		

东西 dōngxi 물건	东 东 东 东 东 西 西 西 西 西 西			
	东西 dōngxi	东西 dōngxi		

水果 shuǐguǒ 과일	水 水 水 水 果 果 果 果 果 果 果 果			
	水果 shuǐguǒ	水果 shuǐguǒ		

逛 guàng 구경하다, 한가롭게 거닐다	逛 逛 逛 逛 逛 逛 逛 逛 逛 逛			
	逛 guàng	逛 guàng		

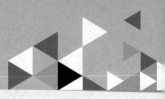

生活 shēnghuó 생활	生生生生生 活活活活活活活活			
	生活 shēnghuó	生活 shēnghuó		

用品 yòngpǐn 용품	用用用用用 品品品品品品品品			
	用品 yòngpǐn	用品 yòngpǐn		

牙膏 yágāo 치약	牙牙牙牙 膏膏膏膏膏膏膏膏膏膏膏膏膏膏			
	牙膏 yágāo	牙膏 yágāo		

洗发水 xǐfàshuǐ 샴푸	洗洗洗洗洗洗洗洗洗 发发发发发 水水水水			
	洗发水 xǐfàshuǐ	洗发水 xǐfàshuǐ		

买了一点儿水果。

과일 조금 샀어.

회화 1　　　　　　　　　　　　　　　　　　　　🎧 W03-01

A 我昨天去了超市，最近东西好贵啊。

B 你买什么了？

A 买了一点儿水果。

회화 2　　　　　　　　　　　　　　　　　　　　🎧 W03-02

A 明天一起去逛超市吧。

B 好啊，你想买什么？

A 我想买一点儿生活用品，牙膏、洗发水什么的。

알맞은 한자 찾아 쓰기

보기	果　逛　超　活　了　要　的　买

❶ 你去(　　)市(　　)什么了?

❷ 我昨天买(　　)一点儿水(　　)。

❸ 你(　　)去(　　)超市吗?

❹ 我想买一点儿生(　　)用品什么(　　)。

한국어로 써 보기

❶ 我去超市买了一点儿水果。

❷ 最近东西贵不贵?

❸ 你明天要不要买牙膏?

❹ 我想买一点儿吃的。

중국어로 써 보기

❶ 요즘 물건들 너무 비싸더라.

❷ 과일만 조금 샀어.

❸ 내일 마트에 구경 갈래?

❹ 치약, 샴푸 등등 생필품 좀 사려고 해.

간체자 따라 쓰기

时候
shíhou
때, 시각

时 时 时 时 时 时 时
候 候 候 候 候 候 候 候 候 候

时候	时候			
shíhou	shíhou			

时间
shíjiān
시간

时 时 时 时 时 时 时
间 间 间 间 间 间 间

时间	时间			
shíjiān	shíjiān			

晚上
wǎnshang
저녁, 밤

晚 晚 晚 晚 晚 晚 晚 晚 晚 晚 晚
上 上 上

晚上	晚上			
wǎnshang	wǎnshang			

请
qǐng
초대하다, 한턱내다

请 请 请 请 请 请 请 请 请 请

请	请			
qǐng	qǐng			

周末 zhōumò 주말	周周周周周周周周 末末末末末				
	周末 zhōumò	周末 zhōumò			

咱们 zánmen 우리	咱咱咱咱咱咱咱咱咱 们们们们们				
	咱们 zánmen	咱们 zánmen			

菜 cài 요리, 채소	菜菜菜菜菜菜菜菜菜菜菜				
	菜 cài	菜 cài			

行 xíng 좋다, 괜찮다	行行行行行行				
	行 xíng	行 xíng			

듣고 따라 쓰기

회화 1

W04-01

A 明哲，明天什么时候有时间？

B 晚上都有时间。

A 明晚我请学生吃饭，你也一起来吧。

B 好的，谢谢老师！

회화 2

W04-02

A 明哲，周末咱们一起吃饭吧。

B 好啊。吃什么？

A 你想吃中国菜还是韩国菜？

B 我都行。

알맞은 한자 찾아 쓰기

> 보기   晚 起 行 还 请 候 菜 间

① 咱们什么时(   )一(   )吃饭?

② 明(   )老师(   )咱们吃饭。

③ 你早上(   )是晚上有时(   )?

④ 吃什么(   )我都(   )。

한국어로 써 보기

① 明晚你有没有时间?

② 你请我吃饭吧。

③ 周末你们一起来我家, 怎么样?

④ 你想做什么东西?

중국어로 써 보기

① 내일 언제 시간 있어요?

② 내일 저녁에 학생들에게
   밥을 사 줄 거예요.

③ 주말에 우리 같이 슈퍼마켓에 가자.

④ 너 중국요리가 먹고 싶어?
   아니면 한국 요리가 먹고 싶어?

您还要别的吗?

다른 것 더 필요한가요?

간체자 따라 쓰기

早饭 zǎofàn 아침밥	早 早 早 早 早 早 饭 饭 饭 饭 饭 饭 饭		
	早饭 zǎofàn	早饭 zǎofàn	

饿 è 배고프다	饿 饿 饿 饿 饿 饿 饿 饿 饿 饿		
	饿 è	饿 è	

随便 suíbiàn 마음대로, 좋을 대로	随 随 随 随 随 随 随 随 随 随 随 便 便 便 便 便 便 便 便 便		
	随便 suíbiàn	随便 suíbiàn	

饺子 jiǎozi 교재(중국 만두)	饺 饺 饺 饺 饺 饺 饺 饺 饺 子 子 子		
	饺子 jiǎozi	饺子 jiǎozi	

服务员 fúwùyuán 종업원	服务员 fúwùyuán	服务员 fúwùyuán	服 服 服 服 服 服 服 务 务 务 务 务 员 员 员 员 员 员 员	
盘 pán 그릇, 판	盘 pán	盘 pán	盘 盘 几 盘 盘 盘 盘 盘 盘 盘	
一共 yígòng 합쳐서, 모두	一共 yígòng	一共 yígòng	一 共 共 共 共 共 共	
钱 qián 돈	钱 qián	钱 qián	钱 钱 钱 钱 钱 钱 钱 钱 钱 钱	

您还要别的吗?

다른 것 더 필요한가요?

회화 1

W05-01

A 今天我没吃早饭，好饿啊。

B 中午我请客，你随便吃。

A 真的吗? 我想吃饺子。

B 吃完饭，我们去图书馆吧。

회화 2

W05-02

A 服务员，来两盘饺子。

B 好的。您还要别的吗?

A 还要两瓶可乐。一共多少钱?

B 一共九十块。

알맞은 한자 찾아 쓰기

| 보기 | 务　饺　饿　瓶　盘　真　钱　没 |

❶ 我(　　)的好(　　)啊。

❷ 早上我(　　)吃(　　)子。

❸ 服(　　)员，来一(　　)可乐。

❹ 两(　　)饺子多少(　　)?

한국어로 써 보기

❶ 我们吃完饭，一起回家吧。 ------------------------------

❷ 他还要三瓶可乐，一共多少钱? ------------------------------

❸ 超市的东西贵不贵? ------------------------------

❹ 今天中午谁请客? ------------------------------

중국어로 써 보기

❶ 오늘 나 아침 못 먹었어. ------------------------------

❷ 밥 먹고 우리 도서관 가자. ------------------------------

❸ 다른 것 더 필요한가요? ------------------------------

❹ 모두 얼마입니까? ------------------------------

今天比昨天还热。
오늘은 어제보다 더 더워.

간체자 따라 쓰기

					比　比　比　比
比 bǐ ~보다, ~에 비해	比 bǐ	比 bǐ			

				知 知 知 知 知 知 知 知 道 道 道 道 道 道 道 道 道 道 道 道	
知道 zhīdào 알다	知道 zhīdào	知道 zhīdào			

				天 天 天 天 气 气 气 气	
天气 tiānqì 날씨	天气 tiānqì	天气 tiānqì			

				预 预 预 预 预 预 预 预 预 预 报 报 报 报 报 报 报	
预报 yùbào 예보	预报 yùbào	预报 yùbào			

说 shuō 말하다			说 说 说 说 说 说 说 说 说	
	说 shuō	说 shuō		

打算 dǎsuàn ~하려고 하다, ~할 계획이다			打 打 打 打 打 算 算 算 算 算 算 算 算 算 算 算 算 算 算	
	打算 dǎsuàn	打算 dǎsuàn		

书店 shūdiàn 서점			书 书 书 书 店 店 店 店 店 店 店 店	
	书店 shūdiàn	书店 shūdiàn		

电影 diànyǐng 영화			电 电 电 电 电 影 影 影 影 影 影 影 影 影 影 影 影 影 影	
	电影 diànyǐng	电影 diànyǐng		

今天比昨天还热。

오늘은 어제보다 더 더워.

06

듣고 따라 쓰기

독해 1

W06-01

今天比昨天还热，不知道明天怎么样。妈妈看着天气预报说："明天有雨，会凉快一点儿的。"

독해 2

W06-02

这个星期六，我打算先去超市买东西，再去书店买本书。星期天我打算跟妈妈一起去看电影。

알맞은 한자 찾아 쓰기

| 보기 | 预　会　先　着　还　比　打　快 |

❶ 今天(　　　)昨天(　　　)热。

❷ 妈妈看(　　　)天气(　　　)报。

❸ 明天(　　　)凉(　　　)一点儿的。

❹ 我(　　　)算(　　　)买东西。

한국어로 써 보기

❶ 今天比昨天还热。

❷ 妈妈看着天气预报。

❸ 我打算先去书店买本书。

❹ 星期天你想不想一起去看电影?

중국어로 써 보기

❶ 내일은 어떨지 모르겠다.

❷ 내일 비가 오니 조금 시원해질 것이다.

❸ 이번 주 토요일 나는 먼저 슈퍼마켓에
   가려고 한다.

❹ 일요일에는 엄마와 함께 영화를
   보러 갈 계획이다.

간체자 따라 쓰기

衣服 yīfu 옷	衣衣衣衣衣衣衣 服服服服服服服服			
	衣服 yīfu	衣服 yīfu		

挺 tǐng 매우, 아주	挺挺挺挺挺挺挺挺挺			
	挺 tǐng	挺 tǐng		

颜色 yánsè 색깔, 색상	颜颜颜颜颜颜颜颜颜颜颜颜颜颜 色色色色色色			
	颜色 yánsè	颜色 yánsè		

适合 shìhé 적합하다, 어울리다	适适适适适适适适适 合合合合合合			
	适合 shìhé	适合 shìhé		

可以			可 可 可 可 可
可以 kěyǐ ~해도 좋다, ~할 수 있다			以 以 以 以

	可以	可以		
	kěyǐ	kěyǐ		

试			试 试 试 试 试 试 试 试

试
shì
시험 삼아 해 보다,
시도하다

	试	试		
	shì	shì		

稍			稍 稍 稍 稍 稍 稍 稍 稍 稍 稍 稍

稍
shāo
잠시, 잠깐

	稍	稍		
	shāo	shāo		

拿			拿 拿 拿 拿 拿 拿 拿 拿 拿 拿

拿
ná
쥐다, 가지다

	拿	拿		
	ná	ná		

듣고 따라 쓰기

회화 1

A 丽丽，这件衣服怎么样?

B 挺不错的，但是这个颜色不适合你。

A 为什么?

B 太深了，浅色的好看。

회화 2
W07-02

A 请问，这件衣服有浅色的吗?

B 有白色和卡其色的。

A 可以试试卡其色的吗?

B 您稍等，我去拿。

알맞은 한자 찾아 쓰기

> 보기   适 错 拿 其 挺 浅 稍 以

❶ 这本书(   )不(   )的。

❷ (   )色的(   )合你。

❸ 我可(   )试试卡(   )色的吗?

❹ 请(   )等，我去(   )。

한국어로 써 보기

❶ 浅色的不太适合你。   ------------------------------

❷ 这件衣服挺好看的，颜色也很好。 ------------------------------

❸ 我可以试试卡其色的吗?   ------------------------------

❹ 你为什么不买白色的?   ------------------------------

중국어로 써 보기

❶ 이 색깔은 너에게 안 어울려.   ------------------------------

❷ 이 옷은 옅은 색이 예뻐.   ------------------------------

❸ 흰색과 카키색이 있습니다.   ------------------------------

❹ 그는 지금 바쁩니다. 잠깐 기다려 주세요. ------------------------------

请问，去银行怎么走?

실례지만 은행에 가려면 어떻게 가나요?

간체자 따라 쓰기

邮局 yóujú 우체국	邮邮邮邮邮邮邮 局局局局局局局			
	邮局 yóujú	邮局 yóujú		

旁边 pángbiān 옆	旁旁旁旁旁旁旁旁旁旁 边边边边边			
	旁边 pángbiān	旁边 pángbiān		

宿舍 sùshè 기숙사	宿宿宿宿宿宿宿宿宿宿宿 舍舍舍舍舍舍舍舍			
	宿舍 sùshè	宿舍 sùshè		

分钟 fēnzhōng 분(시간)	分分分分 钟钟钟钟钟钟钟钟钟			
	分钟 fēnzhōng	分钟 fēnzhōng		

银行 yínháng 은행			银银银银银银银银银银银 行行行行行行		
	银行	银行			
	yínháng	yínháng			

怎么 zěnme 어떻게			怎怎怎怎怎怎怎怎怎 么么么		
	怎么	怎么			
	zěnme	zěnme			

一直 yìzhí 줄곧, 곧바로			一 直直直直直直直直		
	一直	一直			
	yìzhí	yìzhí			

近 jìn 가깝다			近近近近近近近		
	近	近			
	jìn	jìn			

请问，去银行怎么走？

실례지만 은행에 가려면 어떻게 가나요?

듣고 따라 쓰기

회화 1

W08-01

A 老师，邮局在哪儿？

B 就在韩国图书馆旁边。

A 离宿舍远吗？

B 不太远，走10分钟就能到。

회화 2

W08-02

A 请问，去银行怎么走？

B 一直往前走就是。

A 谢谢。离邮局近不近？

B 很近，银行旁边就是邮局。

알맞은 한자 찾아 쓰기

> **보기**　　去　远　到　往　离　钟　就　走

❶ 一直（　　　）前走（　　　）是。

❷ 走10分（　　　）就能（　　　）。

❸ 请问，（　　　）银行怎么（　　　）?

❹ 邮局（　　　）你家（　　　）吗?

한국어로 써 보기

❶ 请问，邮局离宿舍远吗?　　　　------------------------------

❷ 银行就在图书馆旁边。　　　　　------------------------------

❸ 我们走5分钟就能到银行。　　　------------------------------

❹ 邮局离银行近不近?　　　　　　------------------------------

중국어로 써 보기

❶ 기숙사는 바로 우체국 옆에 있습니다.　　------------------------------

❷ 걸어서 10분이면 바로 도착할 수 있어요.　------------------------------

❸ 앞으로 쭉 가면 바로 은행이 있습니다.　　------------------------------

❹ 은행 옆이 바로 우체국입니다.　　　　　------------------------------

你是不是感冒了?

너 감기 걸린 거 아니야?

간체자 따라 쓰기

舒服 shūfu 편안하다	舒舒舒舒舒舒舒舒舒舒舒 服服服服服服服服			
	舒服 shūfu	舒服 shūfu		

疼 téng 아프다	疼疼疼疼疼疼疼疼疼疼			
	疼 téng	疼 téng		

力气 lìqi 힘, 기력	力力 气气气气			
	力气 lìqi	力气 lìqi		

感冒 gǎnmào 감기 (걸리다)	感感感感感感感感感感感感 冒冒冒冒冒冒冒冒冒			
	感冒 gǎnmào	感冒 gǎnmào		

	好 好 好 好 好 好			
好像 hǎoxiàng 마치 ~같다	像 像 像 像 像 像 像 像 像 像 像			
	好像	好像		
	hǎoxiàng	hǎoxiàng		

	多 多 多 多 多 多			
多 duō (차이가) 많다, 크다	多	多		
	duō	duō		

	经 经 经 经 经 经 经 经			
经常 jīngcháng 자주, 늘, 항상	常 常 常 常 常 常 常 常 常 常 常			
	经常	经常		
	jīngcháng	jīngcháng		

	熬 熬 熬 熬 熬 熬 熬 熬 熬 熬 熬 熬 熬 熬			
熬夜 áoyè 밤을 새다, 밤새움하다	夜 夜 夜 夜 夜 夜 夜 夜			
	熬夜	熬夜		
	áoyè	áoyè		

你是不是感冒了?

너 감기 걸린 거 아니야?

듣고 따라 쓰기

회화 1

⊕ W09-01

A 明哲，你哪儿不舒服？

B 头有点儿疼，没有力气。

A 你是不是感冒了？

B 好像是。

회화 2

⊕ W09-02

A 明哲，听说你身体不舒服。

B 现在好多了。

A 是不是没休息好？

B 是的，最近经常熬夜。

알맞은 한자 찾아 쓰기

> **보기**　　力　多　经　冒　像　好　舒　熬

❶ 你哪儿不(　　　)服？是不是感(　　　)了？

❷ 我现在好(　　　)好(　　　)了。

❸ 休息(　　　)了，也有(　　　)气了。

❹ 最近我(　　　)常(　　　)夜。

한국어로 써 보기

❶ 你是不是没力气？　　　　----------------------------------

❷ 我身体有点儿不舒服。　----------------------------------

❸ 听说你昨天没休息好。　----------------------------------

❹ 我好像感冒了。　　　　----------------------------------

중국어로 써 보기

❶ 너 어디가 안 좋아？　　　　　　----------------------------------

❷ 머리가 좀 아프고, 기운이 없어.　----------------------------------

❸ 푹 못 쉬었어?　　　　　　　　----------------------------------

❹ 나 많이 좋아졌어. 머리도 안 아파.　----------------------------------

你考得怎么样?

시험 본 거 어때?

간체자 따라 쓰기

迟到 chídào 지각하다	迟迟迟迟迟迟迟 到到到到到到到到		
	迟到 chídào	迟到 chídào	

考试 kǎoshì 시험(을 치다)	考考考考考考 试试试试试试试试		
	考试 kǎoshì	考试 kǎoshì	

凌晨 língchén 이른 새벽	凌凌凌凌凌凌凌凌凌凌 晨晨晨晨晨晨晨晨晨晨		
	凌晨 língchén	凌晨 língchén	

睡 shuì 자다	睡睡睡睡睡睡睡睡睡睡睡睡睡		
	睡 shuì	睡 shuì	

考 kǎo 시험을 치다, 보다	考 考 考 考 考 考				
	考 kǎo	考 kǎo			

砸 zá 망치다, 실패하다	砸 砸 砸 砸 砸 砸 砸 砸 砸 砸				
	砸 zá	砸 zá			

努力 nǔlì 노력하다, 힘쓰다	努 努 努 努 努 努 努 力 力				
	努力 nǔlì	努力 nǔlì			

鼓励 gǔlì 격려하다	鼓 鼓 鼓 鼓 鼓 鼓 鼓 鼓 鼓 鼓 鼓 鼓 鼓 励 励 励 励 励 励 励				
	鼓励 gǔlì	鼓励 gǔlì			

10 你考得怎么样?

시험 본 거 어때?

듣고 따라 쓰기

회화 1　　　　　　　　　　　　　　　　🔊 W10-01

A 丽丽，你怎么迟到了?

B 今天我起晚了。

A 为什么?

B 今天有考试，凌晨两点才睡。

회화 2　　　　　　　　　　　　　　　　🔊 W10-02

A 丽丽，你考得怎么样?

B 考砸了。

A 没关系，下次努力。

B 谢谢鼓励，咱们去喝杯咖啡吧。

알맞은 한자 찾아 쓰기

보기 迟　努　晚　凌　系　鼓　得　才

① 我(　　　)晨两点(　　　)睡。

② 谢谢(　　　)励，我下次(　　　)力。

③ 考(　　　)不好没关(　　　)。

④ 我今天起(　　　)了，(　　　)到了。

한국어로 써 보기

① 今天你有没有考试? --

② 你怎么迟到了? --

③ 你考得怎么样? --

④ 这次考试我考砸了。 --

중국어로 써 보기

① 오늘 시험이 있어서
　새벽 2시에야 잤어. --

② 나 오늘 늦게 일어났어. --

③ 괜찮아, 다음에 열심히 해. --

④ 우리 커피나 한 잔 하러 가자. --

간체자 따라 쓰기

放假 fàngjià 방학하다, 휴가로 쉬다	放 放 放 放 放 放 放 放 假 假 假 假 假 假 假 假 假 假			
	放假 fàngjià	放假 fàngjià		

旅游 lǚyóu 여행하다	旅 旅 旅 旅 旅 旅 旅 旅 旅 旅 游 游 游 游 游 游 游 游 游 游 游			
	旅游 lǚyóu	旅游 lǚyóu		

想 xiǎng 생각하다	想 想 想 想 想 想 想 想 想 想 想 想			
	想 xiǎng	想 xiǎng		

要不 yàobù 그렇지 않으면	要 要 要 要 要 要 要 要 要 不 不 不 不			
	要不 yàobù	要不 yàobù		

过 guo ~한 적이 있다			过 过 过 过 过 过		
	过 guo	过 guo			

如果 rúguǒ 만약, 만일			如 如 如 如 如 如 果 果 果 果 果 果 果 果		
	如果 rúguǒ	如果 rúguǒ			

那 nà 그러면, 그렇다면			那 那 那 那 那 那		
	那 nà	那 nà			

期待 qīdài 기대하다			期 期 期 期 期 期 期 期 期 期 待 待 待 待 待 待 待 待		
	期待 qīdài	期待 qīdài			

11 放假你有什么打算?

방학 때 너 뭐 할 계획이야?

회화 1
🔊 W11-01

A 王平，放假你有什么打算？

B 我想去丽江旅游。你呢？

A 我还没想好。

B 要不跟我一起去丽江吧。

회화 2
🔊 W11-02

A 你去过丽江吗？

B 没去过。如果有时间，我也想去。

A 那我们跟王平一起去吧。

B 哇，好期待啊！

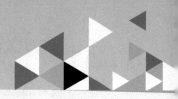

알맞은 한자 찾아 쓰기

보기 跟　待　想　旅　要　假　如　过

❶ 放(　　　)我还没(　　　)好做什么。

❷ 你没去(　　　)丽江吧？是不是很期(　　　)?

❸ (　　　)果有时间，我就去(　　　)游。

❹ (　　　)不你(　　　)我一起去中国吧。

한국어로 써 보기

❶ 你放假有什么打算?

❷ 你想不想去中国旅游?

❸ 要不我们还是回家吧。

❹ 如果有时间，我跟你们一起去。

중국어로 써 보기

❶ 난 아직 못 정했어.

❷ 안 그러면 나랑 같이 리장 가자.

❸ 만약 시간이 되면 나도 가고 싶어.

❹ 나는 중국에 가 본 적이 없어.

12

就是有点儿大。
단지 좀 커.

간체자 따라 쓰기

音乐剧 yīnyuèjù 뮤지컬			音 音 音 音 音 音 音 音 音 乐 乐 乐 乐 乐 剧 剧 剧 剧 剧 剧 剧 剧 剧 剧	
	音乐剧 yīnyuèjù	音乐剧 yīnyuèjù		

咖啡厅 kāfēitīng 카페, 커피숍			咖 咖 咖 咖 咖 咖 咖 咖 啡 啡 啡 啡 啡 啡 啡 啡 啡 啡 啡 厅 厅 厅 厅	
	咖啡厅 kāfēitīng	咖啡厅 kāfēitīng		

坐 zuò 앉다			坐 坐 坐 坐 坐 坐 坐	
	坐 zuò	坐 zuò		

一会儿 yíhuìr 잠시, 잠깐 동안			一 会 会 会 会 会 会 儿 儿	
	一会儿 yíhuìr	一会儿 yíhuìr		

条 tiáo 벌 (바지를 세는 단위)			条 条 条 条 条 条 条		
	条 tiáo	条 tiáo			

价格 jiàgé 가격			价 价 价 价 价 价 格 格 格 格 格 格 格 格 格		
	价格 jiàgé	价格 jiàgé			

而且 érqiě 게다가, 또한			而 而 而 而 而 而 且 且 且 且 且		
	而且 érqiě	而且 érqiě			

就是 jiù shì 단지(다만) ~이다			就 就 就 就 就 就 就 就 就 就 就 是 是 是 是 是 是 是 是 是		
	就是 jiù shì	就是 jiù shì			

12 就是有点儿大。

단지 좀 커.

듣고 따라 쓰기

독해 1

W12-01

昨天我和明哲一起去看了音乐剧。

看完音乐剧，我们还去咖啡厅坐了一会儿。

독해 2

W12-02

昨天我去百货商店买了一条牛仔裤。

牛仔裤价格不太贵，而且颜色也不错，

就是有点儿大。

알맞은 한자 찾아 쓰기

> 보기   而   剧   咖   货   完   格   裤   坐

① 我们去(　　　)啡厅(　　　)了一会儿。

② 价(　　　)很好，(　　　)且颜色也不错。

③ 看(　　　)音乐(　　　)，我们回家了。

④ 昨天我去百(　　　)商店买了一条牛仔(　　　)。

한국어로 써 보기

① 明天你要不要跟我一起去看音乐剧? _____

② 你们来我家坐一会儿吧。 _____

③ 这条牛仔裤颜色挺不错的。 _____

④ 这个东西就是价格有点儿贵。 _____

중국어로 써 보기

① 어제 나는 친구과 함께 뮤지컬을 보러
　갔다. _____

② 우리는 카페에 가서 잠깐 앉아 있었다. _____

③ 어제 나는 백화점에 가서 청바지를
　한 벌 샀다. _____

④ 가격이 그리 비싸지 않고 게다가
　색상도 좋다. _____

48